GENS DE PAROLE

Yvan Lamonde

GENS DE PAROLE

Conférences publiques, essais et débats
à l'Institut Canadien de Montréal
(1845-1871)

Boréal

Conception graphique : Gianni Caccia

Cet ouvrage a été publié grâce à une subvention de la Fédération canadienne des études humaines, dont les fonds proviennent du Conseil de recherches en sciences humaines du Canada.

© **Les Éditions du Boréal**
Dépôt légal : 4e trimestre 1990
Bibliothèque nationale du Québec

Diffusion au Canada : Dimedia

Données de catalogage avant publication (Canada)

Lamonde, Yvan, 1944-
Gens de parole : conférences publiques,
essais et débats à l'Institut Canadien de Montréal,
1845-1871
Comprend un index.
Comprend des références bibliographiques : p.
ISBN 2-89052-369-1
1. Institut Canadien (Montréal, Québec) - Histoire.
2. Conférences — Québec (Province) — Montréal — 19e siècle.
3. Débats et controverses — Québec (Province) —
Montréal — Histoire — 19e siècle.
4. Essais canadiens-français — Québec (Province) —
Histoire et critique.
5. Essais canadiens-français — 19e siècle — Histoire et critique.
6. Montréal (Québec) — Vie intellectuelle — 19e siècle. I. Titre.
AS42. I57L35 1990   366.09714   C90-096724-2

À

Robert Lamonde,
homme de tolérance
qui n'a pas eu
le temps
de lire ces pages.

AVANT-PROPOS

On franchira dans ce livre le seuil de l'Institut Canadien de Montréal, cet Institut un peu mythique, connu par ses ténors et par les grandes clameurs de la guerre verbale de la seconde moitié du XIXe siècle.

Gens de parole se donne le double objectif de la narration historique : à la fois analyse et récit.

On entrera littéralement à l'Institut Canadien : le récit brosse le décor, anime les personnages, les fait parler en leur mettant dans la bouche *leurs* propres propos. Le lecteur se retrouvera au détour d'une phrase à Montréal, rue Notre-Dame, un soir d'hiver de 1856, à regarder et à entendre un conférencier. En prétendant *reconstituer* ce temps et cet espace, on fait certes re-vivre... Avec ou sans nostalgie, cette reconstitution est une construction, avec des connaissances, des archives, des substantifs, des verbes, des qualificatifs.

L'ouvrage est en même temps une analyse. Il s'agit donc d'histoire vraie, mieux, d'histoire tout court : bonne connaissance du temps et de l'espace — Montréal —, documentation familière et sans trou noir, programme d'ordinateur et quantification. À telle enseigne que les substantifs, les qualificatifs ou les adverbes utilisés — « majorité, fréquent, le plus souvent, quelques, essentiellement » — sont statistiquement fondés. Jamais la précision dans le choix des termes n'a été sacrifiée au désir d'évocation.

INTRODUCTION

« Depuis quelques années on philosophe en Canada publiquement. Des lectures, des discours, des livres mêmes ont marqué notamment cette nouvelle phase de notre esprit social. »

Un lecteur catholique, « La lecture de M. Parent », *L'Ami de la Religion et de la Patrie*, 17 janvier 1849.

« Un de ces philosophes ambulants qui, en Amérique, vont donner dans les grandes villes ce qu'on appelle ici des *Lectures...* »

Père Larcher au R.P. Provincial à Paris, 1er octobre 1850, dans Lorenzo Cadieux, *Lettres des nouvelles missions du Canada* (1843-1852), Paris-Montréal, Maisonneuve et Larose — Éditions Bellarmin, 1973, p. 660.

L'Institut Canadien de Montréal offre 128 conférences publiques de 1845 à 1871. On y présente en plus 68 essais et on y tient 213 débats ou discussions.

La conférence publique porte bien son nom : c'est une conférence habituellement organisée par une association et le plus souvent offerte gratuitement au public. Les journaux en annoncent la tenue, en rendent compte et en publient souvent le texte. L'événement est couru et les sièges des premières rangées sont « réservés aux dames ».

L'essai consiste en une conférence privée, une présentation faite par un membre en règle à l'intention des seuls membres de l'association, et ce à l'occasion d'une « séance ordinaire ».

Le débat ou la discussion, enfin, est une joute oratoire où des membres, inscrits à l'avance pour débattre le pour et le contre d'une question déjà choisie et acceptée par l'Institut, argumentent devant d'autres membres qui votent à la fin pour le ou les plaideurs les plus persuasifs.

Ces trois genres rhétoriques constituent l'un des secteurs d'activité de cette association culturelle typique du XIXe qu'est l'Institut Canadien de Montréal. Cet Institut créa le genre au Canada français et en fut l'achèvement exemplaire[1] tout en participant de façon dynamique à la renaissance culturelle de Montréal.

Montréal vers 1840

La ville, qui compte 40 357 habitants en 1842, 57 715 en 1852, 90 323 en 1861 et 107 225 en 1871, est majoritairement anglophone entre 1831 et 1866, période au cours de laquelle l'émigration rurale redonne à Montréal son identité francophone.

Les institutions publiques et la sociabilité urbaine connaissent un essor qui justifie la publication, sur une base dorénavant permanente, d'un « *Directory* » — le Mackay qui deviendra le Lovell — qui, à partir de 1842, constitue un véritable index de la vie montréalaise.

Active dans le commerce, la communauté anglophone confère un nouveau dynamisme au Board of Trade (1842) tout en se donnant, après la Natural History Society, de nouveaux lieux de rassemblement qui se multiplient au cours de la décennie de 1850 : Concert Hall, St. Lawrence Hall, Odd Fellows Hall, Mechanics' Hall, Bonaventure Hall.

Les sociétés « nationales » nées avant les insurrections — St. George, St. Andrew, St. Patrick, Saint-Jean-Baptiste — reprennent vie, en particulier la société patriotique des Canadiens français.

Les lois scolaires de 1841, de 1843 et de 1845 confirment le processus de confessionnalisation du système scolaire tandis que deux collèges — Saint-Laurent des Pères de Sainte-Croix en 1847 et Sainte-Marie des Jésuites en 1848 — viennent s'ajouter au Collège de Montréal des Sulpiciens pour confirmer l'emprise du clergé sur l'enseignement secondaire classique.

Si les lieux de formation créent un bassin plus large de lecteurs, d'écrivains et de conférenciers potentiels, les moyens d'information facilitent l'expression et l'échange. Les journaux officieux de l'Institut Canadien — *L'Avenir* (1847-1852) et *Le Pays* (1852-1871) — s'avèrent les fers de lance d'une presse périodique montréalaise dont le nombre de titres nouveaux double entre 1840 et 1849 par rapport à la décennie précédente (Tableau I, à la fin du volume).

Cette croissance se poursuit au cours des dix années suivantes, bien qu'il faille noter que cet essor général est surtout celui de la presse anglophone, publiée et lue par la majorité démographique, économique, scolarisée et alphabétisée. Les deux décennies apparaissent comme celles des gens de parole, des gens de rédaction, des « publicistes », des journalistes.

C'est l'Institut Canadien qui donnera au mouvement des bibliothèques « publiques » son essor en milieu francophone, inspirant entre autres la loi de 1851 sur les « associations de bibliothèques ». À vrai dire, seuls les anglophones se sont dotés de ce moyen d'information avant 1845, à part la bibliothèque bilingue des avocats (1828-) et l'Œuvre des bons livres établie par les Sulpiciens le 17 septembre 1844 qui n'aura jamais le prestige de l'Institut.

Autre moyen d'information, les librairies montréalaises prennent une expansion exceptionnelle dans la décennie de 1840, tant en milieu anglophone — Armour and Ramsay (1842), Robert Graham (1842), Robert Miller (1842), James Ruthven (1842), R.W. Mackay (1844), Chalmers (1845), Robert Weir (1845), Benjamin Dawson (1847), Sadlier (1849) — que chez les francophones — E.R. Fabre (1823), Beauchemin (1842), J.-B. Rolland (1842), Z. Chapleau (1849).

Cette renaissance culturelle loge donc, durant cette période, à l'enseigne de la culture imprimée. La culture du spectacle demeure pour les décennies à venir l'apanage de la communauté anglophone qui se dote de salles de théâtre — le Royal Olympic Theatre (1845), le Royal Theatre (1847), reconstruit en 1852. L'absence de cette sociabilité urbaine du spectacle et du théâtre en milieu francophone sera précisément comblée jusqu'après 1860 par la sociabilité associative à laquelle à nouveau l'Institut Canadien de Montréal servira de modèle.

L'Institut Canadien de Montréal (1844-1880)

Cette renaissance culturelle de Montréal a feu et lieu dans le vieux quartier, dans le Vieux-Montréal actuel. Entre 1845 et 1870, la conférence publique y draine des centaines et des centaines d'auditrices et d'auditeurs. Jusqu'en 1854 l'Institut Canadien convoque ses membres et son public à différentes adresses :

au 25 rue Saint-Gabriel vers 1848, à la salle des Odd Fellows, Grande Rue Saint-Jacques en 1850-1851.

En 1852, J.-B.-É. Dorion souligne, dans une conférence publique prononcée à l'Institut même, la carence de lieux de sociabilité pour les francophones de Montréal :

> En effet, parcourez toute notre ville, rue par rue, et vous n'y trouverez pas un seul édifice, pas une maison, enfin pas un seul local spacieux et central dont les Canadiens-Français puissent disposer en tout temps pour leurs associations et leurs assemblées. (Annexe I, n° 36 : p. 12)

En 1854, l'Institut acquiert de M. Montmarquette une maison en pierre à deux étages, du côté nord de la rue Notre-Dame, face à la maison Beaujeu. L'Institut y a feu et lieu jusqu'en 1864, au moment où l'on décide d'élargir la rue Notre-Dame. De 1864 à 1866, l'Institut déménage au 20 rue Sainte-Thérèse, à côté de l'Hôtel du Canada, le temps que les travaux de voirie et de construction d'un nouvel édifice soient terminés. Celui-ci, portant alors le numéro civique 111 rue Notre-Dame, se trouve immédiatement à l'est de l'actuel hôtel de ville de Montréal.

Le Pays du 20 décembre 1866 et l'*Annuaire de l'Institut Canadien pour 1866* décrivent ainsi l'édifice, le soir de l'inauguration, le 17 décembre 1866, au moment où l'institution fête son vingt-deuxième anniversaire :

> Depuis le mois de mai dernier, les Montréalais ont pu admirer souvent ce bel édifice en pierres taillées, à trois étages, situé en face de l'ancienne demeure de la famille Beaujeu. Dominant par sa hauteur toutes les constructions environnantes, il attire en outre l'attention par les grandes lettres de bois doré placées au sommet de la façade, et formant l'inscription suivante : *Institut Canadien, fondé en 1844,* et par d'autres lettres en pierre répétant le nom de l'édifice au-dessus de la principale porte d'entrée. Cette porte est surmontée des armes de l'Institut exécutées sur verre colorié par l'habile M. Spence, de la rue Bleury. Ces armes se composent, on le sait, d'une ruche entourée d'abeilles, surmontant un castor et des feuilles d'érable, et des devises *Altius Tendimus — Travail et Concorde.*

Le rez-de-chaussée se compose de deux grands magasins. Au premier étage, se trouvent la Chambre des Nouvelles, longue de 46 pieds et large de 28, la Bibliothèque, longue aussi de 46 pieds et large de 26, puis 4 bureaux d'affaires faisant face à la rue Notre-Dame.

Le deuxième étage n'a qu'un appartement, immense salle longue de 80 pieds, large de 57, haute de 28 au centre de la voûte et de 24 sur les côtés. Jamais salle n'a été mieux disposée pour les fins de l'acoustique. La voix, le son des instruments s'y propagent parfaitement, et il ne tient qu'à l'auditeur de ne perdre ni une note ni une syllabe. Cela a été démontré lundi soir. On ne saurait désirer de meilleure salle pour les concerts.

Cette salle peut contenir 700 ou 800 personnes. Disposés comme ceux de la salle Nordheimer, les sièges bourrés, très commodes pour les assistants, leur permettent de voir partout. Sur l'estrade, en arrière de la tribune, se trouve le magnifique et gigantesque candélabre que l'on a dû voir souvent au Palais de Justice. Sur la muraille, au-dessus du candélabre, et éclairées par les 50 jets de gaz lancés par celui-ci, l'on voit les armes de l'Institut, peintes avec beaucoup de talent sur une toile longue de 19 pieds. L'Apollon du Belvédère et la Vénus de Milo sont placés aux deux extrémités de l'estrade ; la Nymphe de Fontainebleau et le Groupe de Laocoon reposent sur des piédestaux, sur les côtés de la salle. Ces cinq copies splendides de chefs-d'œuvre soigneusement conservés aux musées impériaux sont uniques sur ce continent. Elles ont été données à l'Institut par Napoléon III.

À l'étage supérieur il y a une grande salle de 50 pieds sur 35, et haute de 13 pieds.

Depuis sa fondation le 17 décembre 1844, l'Institut a aussi mis sur pied, outre des conférences publiques, essais et débats, une bibliothèque qui offre aux membres et aux abonnés les principaux romans et ouvrages historiques français et canadiens-français de l'époque ainsi que l'essentiel des écrits des libéraux des XVIIIe et XIXe siècles. La collection de la bibliothèque compte plus de 10 000 volumes en 1879 ; plus de 6000 — un maximum — sont empruntés en 1878.

Attenante à la bibliothèque, la salle des journaux et périodiques offre en 1857 jusqu'à 126 titres différents de périodiques d'Europe — la *Revue des deux mondes,* la *Semaine littéraire,* l'*Illustration,* la *Gazette de France,* l'*Univers,* le *London's News,* le *Blackwood's Magazine,* l'*Edinburgh Review,* le *London Quarterly Review,* l'*European Times,* la *Westminster Review,* — des États-Unis — le *Courrier des États-Unis,* le *Journal de l'Illinois,* l'*Orléannais,* le *Courrier de la Louisiane,* le *New York Tribune,* le *New York Herald,* le *New York Sun,* le *New York Republican,* l'*European New York,* la *Chicago Market Review,* le *Chicago Times,* le *Chicago Daily Democrat,* le *Boston Daily Evening Traveler,* le *Portland Transcript,* le *Plattsburgh Republican,* le *Troy Daily Times,* l'*Harpers' Magazine,* l'*American Traveler,* le *Catholic Citizen,* la *North British Review,* le *Scientific American* — et les principaux journaux du pays en langue anglaise ou française.

Un musée d'art plus que de sciences naturelles complète les activités de l'Institut, centre culturel ou maison de la culture du XIXe siècle.

À son apogée en 1870, l'Institut Canadien compte 784 membres. Y sont admis entre 1855 et 1880 des commerçants tel Amable Beauchamp ; des commis-marchands : R. Blackburn, Marcel Bourret, N. Duchesnault, Gilbert Solomon ; des commis : Tancrède Berthelot, Zoël Chapus , Louis Sicotte, G.F.B. Lafleur ; des étudiants en droit : Alfred Mousseau, Félix Sincennes, Eusèbe Bureau, Wilfrid Laurier, John Calder, Louis Guibord, John Dunlop ; des avocats : Peter Macdonnel, Achille David, J. Décary, Arthur Charland ; des notaires tel J.É.O. Labadie ; des journalistes : Alfred Charland du *Pays,* S. Abbott du *Witness,* Andrew Bell du *Pilot,* F. Achintre, Napoléon Aubin, Médéric Lanctôt, Alphonse Lusignan ; puis des photographes — Georges Martin —, des cordonniers — Jovitte Labelle —, des « tabaconistes » — Philippe Fleury —, des typographes — Pierre Sicotte —, des menuisiers — Hyacinthe Lacroix —, des bouchers — Jos Rielle.

Les membres admis à l'Institut entre 1855 et 1900 appartiennent en proportion égale aux secteurs économiques des services et de la distribution : gens de professions et gens de commerce constituent presque 80% du membership (Tableau II).

Les proportions sont toutefois différentes pour ceux qui cotisent et ceux qui dirigent, pour ceux qui parlent et ceux qui écoutent : alors que les marchands, les négociants et les commerçants constituent 17,8 % des membres admis entre 1855 et 1900 et en proportion 15,8 % des « officiers » ou membres assumant une responsabilité administrative, les avocats et les notaires forment 14 % du membership mais 34,1 % du leadership de l'Institut Canadien de Montréal (Tableau III).

Les gens de droit trouvent donc dans cette assemblée délibérante un lieu d'exercice tout désigné ; hommes de plaidoirie et de parole, ils y trouvent un forum, et un forum d'autant plus animé qu'il est de surcroît le carrefour des innovations culturelles et des tensions idéologiques de la société québécoise entre 1840 et 1880.

Apolitique de par sa constitution, l'Institut Canadien se politise en 1848 au moment où Louis-Joseph Papineau, de retour d'exil, s'engage à nouveau dans la vie politique, trouvant à l'Institut et dans son journal officieux, L'Avenir (1847-1852), ses appuis les plus durables. Neveu et fils spirituel de Papineau, Louis-Antoine Dessaulles demande dans L'Avenir le rappel de l'Union, invoquant le principe des nationalités, c'est-à-dire le droit des peuples à l'autodétermination. Au même moment L'Avenir suit les entreprises des libéraux italiens dont le projet d'unité nationale pose la question romaine, celle du pouvoir temporel du pape. L'opposition à l'Union ayant échoué, les libéraux de L'Avenir envisagent l'annexion aux États-Unis tout en radicalisant leur position au sujet de l'abolition de la dîme. Dans ce contexte tendu, l'Institut Canadien change en 1850 un article de sa constitution rendant admissibles comme membres non plus seulement les Canadiens français catholiques mais tout autant les Anglo-protestants.

L'Institut résiste à des tentatives d'exclure de sa salle des périodiques Le Semeur protestant (1852) ou d'enlever des journaux fervents de polémique religieuse (1855). Il fait surtout échec à une motion (13 avril 1858) qui aurait à toutes fins utiles équivalu à une immixtion d'une censure étrangère dans la gestion de sa bibliothèque. C'est alors que l'évêque de Montréal, Mgr Ignace Bourget, publie trois lettres contre *Le Pays* (1852-1871) et contre l'Institut Canadien et que 138 membres démissionnent (22 avril 1858) pour aller fonder l'Institut Canadien-français qui fera figure d'association modérée.

On ne réussit pas à aplanir les difficultés entre l'Institut et l'évêque Bourget qui condamne l'association libérale en 1859. Dix ans plus tard, une seconde condamnation, romaine et papale cette fois, porte un dur coup à l'Institut Canadien[2].

L'Institut Canadien de Montréal aura donc été pendant un quart de siècle l'application quotidienne des grandes libertés issues de 1789 : liberté d'*association*, par sa fondation et son combat pour survivre comme institut multi-ethnique ; liberté de *conscience,* par son ouverture multi-confessionnelle ; liberté de *pensée* et de lecture, par sa bibliothèque laïquement gérée ; liberté de *presse,* par sa salle de journaux inexpurgeable et son soutien à *L'Avenir* et au *Pays* condamnés par mandements ; liberté de *parole* enfin, par ses débats, ses essais et ses conférences publiques.

La conférence publique, l'essai et le débat constituent des activités sociales et culturelles typiques de l'association du XIXe siècle. Ce phénomène de l'association « littéraire » prend son véritable essor au Québec après 1840 ; il emprunte son modèle à l'Europe et aux États-Unis et s'inspire de l'expérience des anglophones de Québec et de Montréal.

L'association culturelle au XIXe siècle

Alors que la fin du XVIIIe siècle avait vu naître des académies savantes à Paris et en province et des Literary, Scientific and Philosophical Societies en Grande-Bretagne, la décennie de 1820 se caractérise par une volonté de démocratiser la connaissance, et en particulier la connaissance scientifique et pratique. Révolution industrielle oblige. C'est dans ce contexte que se forment et se généralisent en Écosse et en Angleterre les Mechanics' Institutes pour favoriser « *the diffusion of useful knowledge* » parmi les artisans. Le phénomène rejoint ainsi les milieux non bourgeois, bien qu'il faille rappeler que le mouvement a été l'initiative de la bourgeoisie et que son leadership sera aussi le sien.

Cette sociabilité associative se généralise en Europe après 1830, prenant tantôt la forme du « club », tantôt celle du « cercle » étudiée en France par Maurice Agulhon.

Les États-Unis ne tardent pas à adopter et à adapter le modèle qui prend, là, la forme du « lyceum » ou de « l'atheneum » magistralement étudiée par Carl Bode et Donald M. Scott. Le mouvement des « lyceums » s'amorce à Boston et dans le Massachusetts, se répand en Nouvelle-Angleterre, dans l'État de New York, puis dans le « Middle Atlantic », pour se généraliser dans le « Middle West » et dans l'Ouest (Tableau IV). Les « lyceums » connaissent un premier essor entre 1830 et 1840, la panique financière de 1837 limitant leur développement. Le phénomène atteint son apogée entre 1840 et 1860, période pendant laquelle R. Greef a recensé pour la seule ville de New York plus de 3000 conférences publiques annoncées dans la presse périodique. La dépression économique de 1857, les débats sur l'esclavage et la guerre civile entraînent finalement le déclin progressif du « lyceum ». C'est donc dans ces nombreux « lyceums », de la Nouvelle-Angleterre principalement, que se développe le *public lecturing system* — la conférence publique — qui évolue de conférences pratiques à des conférences plus littéraires, culturelles. C'est dans cette forme de culture publique que l'esprit de la Nouvelle-Angleterre se diffuse par la voix de Thoreau, d'Emerson, de Melville.

Avant 1840, les francophones du Québec qui lisent des journaux et des périodiques étrangers ou qui voyagent se familiarisent avec ce phénomène associatif. Citons trois exemples. L'historien François-Xavier Garneau, qui séjourne en Angleterre et en France entre 1831 et 1833, observe la popularité des « clubs », des sociétés de discussion, des « chambres de lecture » et des sociétés littéraires et scientifiques à Londres et à Birmingham et prend note de l'existence des sociétés savantes à Paris. Il écrit :

> On a cherché à établir des sociétés [de discussion] semblables en Canada ; mais elles n'ont pas eu beaucoup de succès jusqu'à présent. La réputation et la fortune s'y acquièrent à

trop bon marché pour qu'on se livre constamment à de pareils travaux. Ce qui peut expliquer pourquoi l'on trouve si peu de valeur réelle dans les écrits et dans les discours de la plupart de nos notabilités politiques lorsque le moment de l'excitation est passé. Nous ne parlons pas de littérature parce qu'à proprement parler il n'y en a pas encore sur les rives du Saint-Laurent, où la ruine et l'oubli ne tardent pas d'accueillir ceux qui osent s'y livrer[3].

Les Patriotes exilés aux États-Unis au moment des rébellions de 1837 et de 1838 sont aussi frappés par cet engouement pour les « lyceums » et les *lectures* :

> Les Bostonnais ne rêvent que religion et argent [...]. Les spéculations et les sermons (*lectures*) absorbent toutes leurs facultés[4].

En 1843, alors à Paris avec son père en exil, Amédée Papineau consignera dans son *Journal* : « Je suis réjoui d'avoir eu cet échantillon de clubs français[5] ».

Mais, déjà depuis 1824, on expérimente au Québec ce phénomène associatif, institutionnalisé dans le milieu anglophone de Québec et de Montréal. Les deux premières sociétés fondées — la Literary and Historical Society of Quebec (1824)[6] et la Montreal Natural History Society (1827)[7] — se révèlent plutôt exclusives dans leurs intérêts et leur membership : spécialisées surtout en sciences puis en histoire, elles accueillent des gens instruits, amateurs de sciences et d'archives et capables de cotiser. Elles partagent par leurs activités — conférences, bibliothèque et musée — une même volonté de s'approprier « scientifiquement » le milieu colonial en recueillant des documents historiques ou des spécimens minéralogiques, géologiques, botaniques ou ornithologiques.

Le Montreal Mechanics' Institute (1828) fondé par la bourgeoisie marchande anglophone vise les artisans et la diffusion d'un savoir-faire rendu bientôt plus urgent par l'industrialisation qui s'amorce le long du canal Lachine. Parallèlement à la bibliothèque, au musée d'appareils techniques, aux débats, aux demandes pratiques (*queries*) des membres ou à des inventions soumises à l'évaluation d'un comité, les *lectures* constituent une activité importante du Mechanics' Institute. Les conférences publiques s'avèrent jusqu'en 1845 plutôt pratiques, portant sur les machines à vapeur, les gaz, le chauffage et la ventilation, la géométrie appliquée à la mécanique, à l'architecture. Elles portent aussi sur l'éducation de la classe ouvrière, la discipline dans les prisons, la tempérance ou le droit de propriété[8]. Mais la situation politique qui mène aux insurrections de 1837 et de 1838 entrave la vie de ces trois associations ; le Mechanics' Institute, par exemple, interrompt ses activités d'avril 1835 à février 1840.

Ces années de troubles politiques retardent l'établissement durable d'associations et l'implantation de la conférence publique, tout en alimentant le besoin d'association. Dès 1834, on perçoit à l'intérieur de la mystérieuse société « Aide-toi et le ciel t'aidera » les avantages des sociétés patriotiques où « nos jeunes Canadiens pourront s'habituer à écrire et prendre le goût de l'étude ». On envisage que « chaque membre, à tour de rôle, fournira un essai sur la politique ou la littérature » et qu'entre l'essai et les affaires courantes « on discutera de vive voix un sujet quelconque[9] ».

Les Patriotes expriment ce vœu dans des résolutions de leurs assemblées publiques : «... nous profiterons de toute occasion pour nous instruire de nos droits et nous nous flattons que tous les amis instruits des Canadiens voudront bien éclairer la jeunesse du pays chaque fois que nous aurons recours à eux[10]. »

Ils reconnaissent que « les affaires du pays rendent nécessaire que les citoyens se forment en associations », droit « aussi sacré et aussi inaliénable que celui de la liberté personnelle[11]. »

Ceux qui après 1840 font en milieu francophone la promotion de l'idée d'association sont conscients de chercher un nouveau souffle démocratique après l'échec des insurrections de 1837 et de 1838 ; ils ont connu la solidarité de l'association, qu'elle ait été celle des Fils de la liberté ou des comtés fédérés. Il faut le souligner : l'Institut Canadien de Montréal, qui fut la première association littéraire francophone d'importance, constitua une suite du libéralisme qui inspira les rébellions. Le phénomène de l'association naît donc sous le signe de la démocratie libérale[12] et aussi de l'économie libérale et du libre-échange :

Seul, on ne pense pas à faire rien de semblable, réunis, excités et stimulés par les travaux des uns et des autres, on se livre à des études, à des recherches, on produit, on échange ; c'est un trafic continuel d'idées et d'intelligence qui retourne au profit de tous. Voilà, lecteurs, un des grands bienfaits des associations[13].

Dans la mentalité libérale de 1840 l'instruction mutuelle est un capital, et le savoir, un avoir :

...comme l'argent dans le commerce, les connaissances réunies forment un fonds dont les dividendes rapportent aux actionnaires des richesses qui ne coûtent presqu'aucun travail[14].

Culture et rhétorique au XIXe siècle

L'Institut Canadien de Montréal participe donc très tôt d'un phénomène culturel très important dans le XIXe siècle européen et nord-américain. De même la conférence publique, les essais, les débats, formant le volet oral des activités de ces associations, relèvent d'une dimension culturelle centrale du XIXe siècle, l'éloquence.

Au XIXe siècle, la culture orale n'est pas seulement celle des paysans qui transmettent de vive voix un ensemble de chansons, de contes, de comptines ou de légendes qu'ils ont entendus. La culture orale est aussi celle des bourgeois instruits qui ont *appris* à parler. Leur culture est à la fois livresque et verbale, mieux, rhétoricienne selon l'expression de Maurice Crubellier dans son *Histoire culturelle de la France*.

Le collège classique, le petit et le grand séminaire assurent la formation d'une bourgeoisie de professions libérales et d'un clergé qui comptent sur un pouvoir social évident : la parole. Le *cursus studiorum* de l'enseignement classique consacre d'ailleurs l'importance socioculturelle du bien parler : la classe de rhétorique clôt le cycle des études d'humanités. L'apprentissage des préceptes de l'éloquence se concrétise immédiatement dans « le plaidoyer (qui) devient le devoir en prose par excellence dans la classe de rhétorique[15] ». Les occasions de faire valoir le savoir-parler ne manquent pas : en classe, aux examens publics, à la distribution des prix, à l'académie que tout collège se doit d'établir.

Le premier, le Séminaire de Nicolet établit son Académie en 1842. Le Séminaire de Québec avec l'Académie Saint-Denis (1852) et celui de Saint-Hyacinthe avec l'Académie Girouard (1852) emboîtent le pas. Suivent l'Académie Saint-Thomas-d'Aquin (1861) au Séminaire de Trois-Rivières, l'Académie Saint-Charles (1862) au Séminaire de Sainte-Thérèse, l'Académie Saint-Thomas-d'Aquin (1870) au Collège de Sainte-Anne-de-la-Pocatière, le cercle littéraire « L'oiseau bleu » (1873) du Collège de Rigaud et l'Académie Saint-François (1875) du Collège de l'Assomption.

Pour les rhétoriciens et les académiciens, le pas à franchir entre l'estrade, l'académie et les associations culturelles sera tout naturel.

Surtout que des études ultérieures les mèneront dans des professions de parole déjà encombrées : le droit et la théologie. Au prétoire du palais de justice, en chaire le dimanche, durant le carême ou au moment des croisades de tempérance à la Chiniquy, l'éloquence constitue le code culturel de l'époque. Et comme souvent les gens de droit assument au Bas-Canada des tâches législatives, les avocats se retrouvent en campagne électorale sur les *hustings* ou dans des débats contradictoires, quand ce n'est pas « orateur » de la Chambre d'Assemblée.

Dans cette société qui s'alphabétise lentement jusqu'à la fin du XIXe siècle, les gens de parole jouent un rôle central.

La génération de l'Institut Canadien

Par la diversité de ses locaux, par le prestige de son édifice dominé par sa raison sociale, l'Institut Canadien de Montréal apporte une contribution importante à la constitution d'un espace public francophone à Montréal durant la seconde moitié du XIXe siècle. À partir de 1854, puis de 1866, on dispose chez les Canadiens français d'un « local spacieux et central », selon les vœux de J.-B.-É. Dorion en 1852.

En ayant pignon sur rue, au cœur même du quartier le plus

dynamique, l'Institut créa un véritable espace public. À l'immeuble, l'Institut ajouta un mobilier offrant aussi tous les signes d'un lieu public : bibliothèque, salle de journaux, salle de conférences conçue pour un auditoire. Cet espace public que fut l'Institut constitua, de fait, l'enracinement urbain du premier grand projet de doter le Montréal francophone d'une vie et d'une culture publiques, d'un espace de sociabilité. Ce projet fut celui de la génération de 1840.

Le chroniqueur le plus sensible de cette génération qui piaffe à l'Institut et à *L'Avenir*, Joseph Doutre, se souvient en 1850 du désarroi de 1840 :

> La génération qui a précédé les fondateurs de l'Institut canadien dans la jeunesse canadienne n'offre rien de remarquable qu'un caractère de parfaite uniformité avec toutes les générations qui l'avaient précédée elle-même. Alors comme à présent, sans doute, elle se composait de jeunes gens diversement doués sous le rapport intellectuel, mais les uns et les autres se perdaient dans une foule, où tout était incohérent, sans agrégation de parties, sans corps, sans forme, où chacun sentait son isolement, où le voisin ne connaissait pas son voisin, où chacun était impuissant pour ses propres intérêts et nul pour ceux de la société. (Annexe I, n° 27 : 68)

Doutre rappelle, en ce sixième anniversaire de fondation de l'Institut, le confinement dans le privé de ceux de 1840 :

> Chez nous quelques hommes seulement se trouvaient propres aux emplois publics ; l'industrie individuelle, toute florissante qu'elle était, n'était animée d'aucun esprit public ; et nos industriels si riches, si bien entendus dans l'administration de leurs affaires privées ne portaient qu'une attention médiocre aux affaires publiques... (n° 27 : 84)

Les affaires étaient privées ; point d'affaires publiques. Le collège avec sa vie *intra muros* de séminaire ne préparait guère à la vie *extra muros* :

> La porte des écoles et des collèges en s'ouvrant devant le jeune homme d'alors le poussait dans un monde où tout lui était étranger. Lui qui pendant huit à neuf ans n'avait parlé que le langage des poètes, des historiens et des philosophes, se trouvait tout à coup jeté dans une foule où personne ne

soufflait mot de latin ou de grec, de littérature ou d'histoire. Tantôt il entendait résonner à ses oreilles les mots : politique, revenus, taxes, commerce, élections, droit public, économie ; tantôt on lui parlait sport, modes, bals, théâtres ; mais qu'est-ce que tout cela, se demandait-il ? Je n'y comprendrai jamais rien. Pourtant, il étudiait comme Champollion ces nouveaux hiéroglyphes... (nº 27 : 68-69)

Le « jeune homme d'autrefois arrivait dans le monde comme le provincial à Paris », n'y trouvant que « la vie nonchalante, monotone, étouffante des bureaux et des comptoirs » (nº 27 : 75-76), n'y trouvant, rue par rue, aucun lieu de rassemblement :

Chaque maison, chaque famille a ses intimes ; mais aucune maison, aucune famille ne reçoit chez elle, ne réunit sous son toit assez de monde et surtout de monde des divers états, des diverses professions, voire même des divers rangs qui puissent tous ensemble donner l'expression de notre esprit, de nos mœurs, de nos manières et de nos allures. Dans tous les pays, un étranger qui veut connaître la société peut la rencontrer quelque part ; il la verra dans les théâtres, il la verra dans les concerts, il la verra dans les sociétés savantes, il la verra dans les cercles, les réunions, chez les hommes à qui la fortune et leur position permettent de recevoir [...]. Chez nous, il n'y a point de théâtre, il n'y a pas de concerts, il n'y a pas de sociétés savantes, il n'y a pas de cercles. Il ne la verra nulle part, si ce n'est à l'église[16].

Pour Joseph Doutre et ses contemporains, cette absence de vie publique dans la ville francophone s'explique par « l'absence d'un théâtre d'exercice pour la jeunesse », malgré « le seul théâtre » qu'elle pût alors atteindre : la presse (nº 27 : 76). Ce « théâtre pour y développer les ressources intellectuelles de la nation » allait être l'Institut Canadien, point de renaissance intellectuelle et libérale après l'échec des insurrections. Pour les conférenciers qui, comme Charles Daoust, rappellent comment l'Institut fut conçu comme moyen de conservation de la nationalité, la renaissance de l'opinion publique doit y être identifiée :

Car le souvenir des événements récents, le découragement

des esprits, ce calme subit après l'orage jetèrent l'opinion publique dans une fausse sécurité, dans une indifférence mortelle. (n° 44)

Grâce à l'Institut, allaient se lever « des hommes qui puissent mettre la main au timon des affaires publiques ». (n° 44)

L'idée du « grand théâtre de la vie publique » (n° 12), des conférenciers ou des Canadiens français « acteurs sur la scène du monde » ou jouant « un rôle distingué dans l'histoire de l'Amérique » (n° 8 : 168) est trop récurrente dans les conférences publiques et dans la presse pour ne pas véhiculer une dimension cruciale de ce discours.

La tribune de la conférence publique constitue en définitive un théâtre, le lieu nouveau d'une expression publique, d'une culture publique. L'association est bien le théâtre de l'époque et la conférence publique, la pièce à l'affiche.

Certes, vers 1880, on finira par enlever la tribune sur l'estrade, sur le théâtre. On passera alors d'une culture publique de la tribune à une sociabilité de la scène. Le théâtre prendra alors tout son sens... dramatique.

Mais pendant presque un demi-siècle, la conférence publique aura été le rendez-vous des « longues soirées d'hiver », l'occasion pour « les jeunes gens » d'entrer dans le monde, de défrayer la chronique des journaux, de briller devant les auditrices et les auditeurs. Avant le théâtre, la conférence publique, à l'Institut Canadien et ailleurs, aura créé un auditoire, un public. Par son prestige, sa fréquence et sa teneur finalement polémique, la conférence publique aura généré une habitude socioculturelle, un rituel public.

Cet espace public nouveau suscité par l'Institut Canadien signifie l'émergence d'une opinion publique non pas dans le ciel des idées, mais dans un réseau urbain de lieux, d'institutions et d'événements. Pour contrer l'isolement et le confinement dans le privé, la génération de 1840 dote le Montréal francophone d'une vie publique ; sa contribution à la renaissance culturelle de la ville en est le signe global. Mais plus particulièrement cette sociabilité urbaine se construit autour d'une idée d'association, inscrite dans

un lieu de rassemblement qui favorise la lecture par sa bibliothèque « publique » et sa salle de journaux et met à la mode la conférence publique. À Montréal, l'association constitue, avant le théâtre, un public francophone ; ses activités sont connues de la population par une publicité culturelle nouvelle dans la presse ; les idées
de ses membres sont diffusées par des publications. Association,
tribune, presse, tels sont les moyens durables de constitution d'une
vie et d'une opinion publiques.

Cet espace public paraît de façon significative avec le libre-
échange économique : la circulation des biens s'accompagne de la
circulation des personnes et de la circulation des idées. Le marché
de la culture n'est possible que par la culture du marché.

NOTES

1. On se référera, à propos des études sur l'Institut Canadien de Montréal et sur les associations en général, à la bibliographie proposée en fin de volume. Les données sur le nombre de volumes, de titres de journaux et de membres se trouvent dans l'ouvrage d'Yvan Lamonde, *Les Bibliothèques de collectivités à Montréal 17ᵉ - 19ᵉ siècle*. Montréal, ministère des Affaires culturelles, Bibliothèque nationale du Québec, 1979, p. 53-54.

2. Philippe Sylvain. « Libéralisme et ultramontanisme au Canada français : affrontement idéologique et doctrinal (1840-1865) », dans W.L. Morton (dir.), *The Shield of Achilles/Le Bouclier d'Achille*. Toronto, McLelland and Stewart, 1968, p. 111-138, 220-255; Jean-Paul Bernard. *Les Rouges*. Libéralisme, nationalisme et anti-cléricalisme au milieu du XIXᵉ. Montréal, PUQ, 1971, XX-394 p.; Léon Pouliot. *Monseigneur Bourget et son temps,* tome IV : *Affrontement avec l'Institut Canadien, 1858-1870*. Montréal, Bellarmin, 1976, 159 p.

3. *Voyages en Angleterre et en France dans les années 1831, 1832 et 1833,* texte établi, annoté et présenté par Paul Wyczynski, Ottawa, Éditions de l'Université d'Ottawa, 1968, p. 155-156, 204-205, 212, 248-249, 256-295.

4. E.N. Duchesnais, Boston à Ludger Duvernay, St. Albans, (1838), dans *Canadian Antiquarian and Numismatic Journal* (1909) : 121-122.

5. Cité par Ruth White. *Louis-Joseph Papineau et Lamennais*. Montréal Hurtubise HMH, 1983, p. 332.

6. Ginette Bernatchez. « La Société littéraire et historique de Québec (The Literary and Historical Society of Québec), 1824-1890 », *Revue d'Histoire de l'Amérique française 35*, 2 (septembre 1981) : 179-192.

7. Newton Bosworth. *Hochelaga Depicta or the Early History of Montreal*. Montréal, William Greig, 1839, p. 169-171.

8. Montreal Mechanics' Institute, *Minutes* (1828-), Atwater library, Montréal.

9. L.-V. Sicotte, secrétaire-trésorier de la société « Aide-toi et le ciel t'aidera » à P.-C. Boucher de la Bruère, 26 mars 1834, dans *Bulletin des recherches historiques* (1928) : 128.

10. « Réunion des jeunes gens de Saint-Denis », 10 septembre 1837, dans Jean-Paul Bernard, *Assemblées publiques, résolutions et déclarations de 1837-1838*. Montréal, 1988, p. 191.

11. «Adresse des Fils de la liberté de Montréal aux jeunes gens des colonies de l'Amérique du Nord », 4 octobre 1837, dans J.-P. Bernard, *Assemblées publiques, résolutions et déclarations de 1837-1838, op.cit.,* p. 214.

12. Yvan Lamonde. «Les Associations au Bas-Canada : de nouveaux marchés aux idées (1840-1867) », *Histoire sociale/Social History* VIII, 16 novembre 1975 : 361-369.

13. «Association », *L'Avenir,* 11 septembre 1847.

14. «Sociétés d'études », *L'Aurore,* 17 mars 1843.

15. Claude Galarneau. *Les Collèges classiques au Canada français (1620-1970).* Montréal, Fides, 1978, p. 173. À titre d'exemple, on peut consulter le *Cours abrégé de rhétorique à l'usage du Collège de Montréal.* Montréal, Leclerc et Jones, 1835, 248-XIV p.

16. «De l'association », *La Minerve,* 5 juin 1843.

CHAPITRE PREMIER

LES CONFÉRENCES PUBLIQUES

« Ah ! croyez-m'en, ces lectures ont plus d'utilité qu'on l'imagine. On y entend discuter des principes quelquefois nouveaux, fréquemment oubliés ; on y voit repasser un panorama où l'intelligence fait tous les frais ; les opinions les plus erronées et les plus nuisibles en morale y sont passées au creuset de l'examen philosophique, et l'occasion la plus favorable s'y offre d'explorer, sans gêne, les intelligences ; on y évoque des souvenirs presque effacés ; on y ravive des connaissances en langueur ; l'homme lettré s'y peut quelquefois retremper ; celui qui ne l'est pas, y apprend à le devenir ; l'artiste, lui qui a à parcourir un champ si vaste, y puisera souvent bien des inspirations ; l'ouvrier pour qui la science, la science pratique, est d'une utilité indispensable, apprendra cette vérité importante, s'il l'a ignorée auparavant ; il la saura appliquer s'il la connaissait sans pourtant lui donner suite ; le jeune homme ne regrettera jamais une heure passée ici. »

Charles Mondelet, « La Culture de l'intellect et
l'utilité des lectures publiques pour toutes
les classes de la société », conférence publique à
l'Institut Canadien de Montréal, 17 décembre 1849,
L'Avenir, 9 février 1850.

Les conférences

Dans sa conférence dont des extraits sont cités en exergue, Charles Mondelet parle de « lectures publiques », traduisant littéralement les termes anglais *public lectures*. Montréal est certes majoritairement anglophone entre 1835 et 1865, mais l'usage des termes lecture publique, lecture, lectureur indique avant tout un phénomène de mimétisme culturel, d'emprunt d'une terminologie qui réfère à un phénomène d'abord anglo-saxon, qu'on observe en Angleterre, aux États-Unis et au Canada. Les contemporains parlent donc de lecture et non de conférence publique. Si l'on parle encore de lectureurs en 1870, l'usage du terme conférence devient plus fréquent à l'Institut mais surtout dans d'autres associations durant cette décennie. À l'Institut Canadien, on « lecture » donc entre 1845 et 1871.

Les conférenciers se montrent tout à fait conscients du prestige de l'occasion où, selon Louis Ricard, on convie « la foule à ces nobles tournois de la parole et de la science » (n° 38 de la liste des conférences, en annexe). À Montréal, capitale du Canada-Uni et siège du Parlement de 1845 à 1849, l'Institut Canadien s'avère un autre lieu pour « venir s'exercer dans le maniement de la parole et de l'art oratoire » (n° 50), l'endroit où celui qui « se fait remarquer au milieu de nous par la facilité de l'élocution, la force de la parole, fera un jour retentir l'enceinte du Parlement, du barreau de son éloquence mâle et vigoureuse » (n°12). À l'occasion des anniversaires (17 décembre) de l'Institut Canadien, les conférenciers réitèrent fréquemment cette image de l'association comme tribune :

> Quelle belle arène est ouverte à ces nobles concurrents qui se préparent ici à des luttes plus grandes encore et plus importantes, qui s'y formeront au gouvernement de leurs semblables ; qui apprendront à manier avec habileté ces ressorts secrets qui font mouvoir les hommes ; à toucher délicatement ces fibres du cœur humain, dont les vibrations sont le signal du dévouement de la charité, de l'héroïsme ; qui s'y habitueront à respecter, même en les combattant, les opinions et les préjugés des autres... (n° 39 : p. 49)

Pour Joseph Doutre, le temps du monopole de l'éloquence détenu par le clergé et le barreau est révolu : « nous voyons le commerce, le notariat, la médecine disputer au barreau l'exercice cultivé de la parole » (n° 27 : 81, 88-90). La prétention à l'éloquence est bien ce qui distingue la conférence publique de l'essai ou du débat.

La tribune de l'Institut Canadien est fréquentée : 128 conférences publiques abordant 110 sujets différents, de 1845 à 1871 (Tableau V). La demi-décennie de 1850 à 1854 constitue la période de cinq ans la plus active, avec 35 conférences ; en 1856, les treize conférences publiques marquent un sommet de popularité du phénomène à l'Institut Canadien. L'année suivante, les Sulpiciens inaugurent les « lectures » catholiques du Cabinet de lecture paroissial. Ni la radicalisation des libéraux en 1848 ni la première condamnation de la bibliothèque de l'Institut par Mgr Bourget en 1859 n'entravent le dynamisme des conférences publiques dont le nombre décline toutefois vers 1866. Si la condamnation papale de 1869 n'a pas diminué les activités de la bibliothèque devenue « publique » avec la nouvelle constitution (1872) de l'Institut, il semble bien toutefois que les conférences aient perdu de leur attrait, devenues par ailleurs des plaidoyers *pro domo* contre les interventions cléricales, et ce au moment où l'Institut inaugure, en décembre 1866, son nouvel édifice et ses nouveaux locaux.

Dans l'esprit des jeunes gens qui fondent l'Institut Canadien, les conférences publiques devaient meubler « les longues soirées d'hiver » à Montréal. L'objectif fut respecté : la moitié, exactement, des conférences eurent lieu en décembre, en janvier et en février. *Le Pays* rend compte de cette habitude sociale saisonnière de la conférence publique en écrivant :

> [M. Ricard] voudrait compléter cette étude [sur Kossuth] dans une 2e lecture, mais la saison des affaires, des plaisirs et des amusements de toute sorte était venue avec le mois de mai, il n'était plus temps de penser à des réunions littéraires de ce genre.(n° 38)

Une, deux ou trois fois par mois, le plus souvent le vendredi soir, mais aussi le jeudi soir, un jeudi autre que celui de la réunion mensuelle statutaire de l'Institut, le public convergeait vers le Vieux-Montréal actuel, pour entendre, à huit heures, les « lectureurs » dont on avait annoncé la « lecture » dans *L'Avenir*, *Le Pays*, *La Minerve*, *Le Moniteur canadien* ou *L'Aurore des Canadas*.

L'auditoire varie selon le sujet de la conférence, selon le conférencier et sans doute selon la salle. Il faut d'autre part distinguer l'affluence aux séances régulières de celle que l'on observait aux conférences publiques. En 1851, selon le *Rapport* annuel, soixante *membres*, en moyenne, assistent à chacune des séances régulières de l'Institut ; le 13 avril 1858, 198 membres — soit le quart du total — sont présents à une séance extraordinaire où l'on débat du contenu de la bibliothèque ; en 1859, quarante membres, en moyenne, participent à chacune des séances régulières de l'Institut.

La conférence publique attire certainement plus d'intéressés, des deux sexes, cette fois ; elle est gratuite, publicisée dans la presse et ouverte au public, c'est-à-dire aux membres *et* aux non-membres. Le sulpicien Armand de Charbonnel, « digne représentant du jeune clergé de France » selon Étienne Parent et futur évêque de Toronto, fait une conférence, exceptionnellement à l'église-cathédrale Saint-Jacques, sur les caractères de la société chrétienne. De 700 à 800 personnes forment un auditoire « qui parut comme électrisé » (n° 6). La presse évoque souvent une « salle bondée », un « grand nombre de membres et de personnes étrangères à l'Institut ». Le 14 mars 1856, ceux qui se présentent pour la conférence de L.-A. Dessaulles sur Galilée ne peuvent tous entrer. L'hypothèse de deux cents auditeurs en moyenne par conférence avant 1866 demeure très raisonnable quand il s'agit d'occuper les « longues soirées d'hiver ».

« Monsieur le Président, Messieurs de l'Institut, Mesdames, Messieurs », voilà le public reconnu par les conférenciers, dès leur entrée en matière. Les dames auxquelles on réserve les sièges des premières rangées arrivent nombreuses aux conférences ; P.-J.-O. Chauveau traite de la littérature française depuis la Révolution (n° 7) devant une salle à demi composée de dames. À l'Institut Canadien, on ne s'adresse point aux femmes seulement par politesse ou par rhétorique. La seule conférencière à monter trois fois à la tribune de l'Institut est une Française, Mme Manoël de Grandfort qui aborde la question de la femme et de son avenir (n° 46). Messieurs les conférenciers prennent aussi acte de la présence des femmes dans l'auditoire : Louis Ricard évoque la sagesse de l'épouse du libérateur hongrois Kossuth, refusant elle-même de s'émanciper de son mari ; il compare, pour les « aimables patronnesses de Montréal », la mode politique et la mode vestimentaire (n° 38). J.-B.-É. Dorion se servira dans sa conférence sur le commerce (n° 36) des bazars, familiers aux dames patronnesses, pour faire comprendre la valeur ajoutée d'un produit. Dès 1847, le jour même du troisième anniversaire de l'Institut, le juge Charles Mondelet fait une conférence sur « la position de la femme en Canada » (n° 9).

La conférence publique prend le plus souvent l'allure d'un événement non pas mondain, mais social. La majorité des 27 anniversaires de l'Institut donnent lieu à une conférence. Charles Daoust, alors directeur du *Pays* et vice-président de l'Institut, en souligne le caractère dans sa conférence (n° 44) du 17 décembre 1853, notant qu'on avait donné à « ces exercices littéraires tous les attraits des fêtes et des amusements publics ». Mais la conférence demeure un exercice littéraire, exceptionnellement agrémenté de la présence d'un orchestre d'amateurs ; jamais à l'Institut Canadien la conférence publique ne prit la forme d'une démonstration scientifique, d'une exhibition de panorama ou d'une relation illustrée d'un voyage comme ce fut souvent le cas aux États-Unis. La parole y règne en maître.

La conférence publique devint à ce point un événement, une institution, qu'elle justifia plus d'une séance pour développer un même sujet. Joseph-Guillaume Barthe, Paul Arpin, le docteur Coderre prennent deux soirées pour traiter respectivement de l'abolition de la peine de mort (n° 24), de la littérature française (n° 49) ou de l'examen médico-légal d'un procès retentissant (n° 66). Madame de Grandfort entretient son auditoire pendant trois soirées de la femme et son avenir (n° 46) ; Joseph Duhamel meuble quatre belles soirées de décembre avec un remarquable bilan des progrès littéraires et scientifiques au XIXe siècle (n° 62). Le plus nord-américain des conférenciers de l'Institut, Louis-Antoine Dessaulles consacre chaque fois six soirées à la question de l'annexion du Canada aux États-Unis (n° 26) et à l'analyse des origines et des causes de la guerre de Sécession (n° 96).

Les conférences forment un tout, se répondent : explicitement Étienne Parent poursuit sa réflexion dans ses trois premières conférences (n°ᵒˢ 3,5,8) à l'Institut Canadien ; Louis Ricard développe son intérêt pour la libération nationale en Hongrie (n°ᵒˢ 38,43) ; Louis-Antoine Dessaulles prend le contre-pied de la conférence ultramontaine d'un prêtre irlandais sur Galilée (n° 56) ; Gonzalve Doutre réplique à un autre conférencier dans sa célèbre conférence sur le principe des nationalités (n° 94) ; Buies (n° 110) rétorque à Hector Fabre qui avait fait une conférence devant une autre association. Les conférences dialoguent entre elles, entretiennent l'intérêt public autour d'une question.

Certaines conférences hivernales font boule de neige ! Les personnes présentes ou non à une conférence en trouvaient un suivi souvent polémique dans les journaux du lendemain ou des jours suivants. Les *Mélanges religieux* s'en prennent tantôt aux idées de Parent sur l'instruction publique, tantôt à celles de Mondelet sur la situation de la femme canadienne. Ceux-là qui avaient plutôt assisté à une conférence publique au Cabinet de lecture paroissial, à l'Institut Canadien-Français ou à l'Union catholique, pouvaient lire dans *La Minerve* ou *L'Ordre* ce que les Doutre ou Arthur Buies avaient « faussement » affirmé le même soir à l'Institut Canadien. Quand ce n'étaient pas le *Courrier du Canada*, le *Journal de Québec*, le *Journal de St-Hyacinthe* ou le *Nouveau-Monde* qui se scandalisaient des conférences de Dessaulles à propos des affaires de l'Institut Canadien.

Public, publicité, publication. La présence publique de la conférence tient certes à son caractère public, à son public, à la publicité qu'en fait la presse en l'annonçant, en en rendant compte ou en la critiquant. Elle tient aussi à la publication des textes des conférences, dans la presse ou sous forme de brochure. Le public, présent ou pas aux conférences, peut, pour une conférence sur deux, en prendre connaissance dans la presse : le texte de 49 des 110 conférences publiques de l'Institut Canadien est publié dans treize journaux différents, un même texte pouvant être publié par cinq journaux et en plusieurs livraisons (Annexe I). Les journaux officieux de l'Institut Canadien, *Le Pays* (29 conférences), *L'Avenir* (12), reproduisent le plus souvent les textes des conférences. Le public montréalais en trouva aussi dans *La Minerve* (8), le *Moniteur Canadien* (6), la *Revue canadienne* (4), les *Mélanges religieux* (3), *L'Aurore des Canadas* (2) ou le *Journal de l'Instruction publique*. L'attrait pour les conférences de l'Institut Canadien de Montréal franchit les limites de l'île : à Québec, *Le Canadien*, *L'Observateur*, *La Réforme* et le *Journal de Québec* reproduisent sept conférences ; le *Courrier de St-Hyacinthe* offre à ses lecteurs la conférence de J.-B.-É. Dorion sur la colonisation du Bas-Canada (n° 78).

L'association, la tribune et la presse forment autant de moyens de cette renaissance culturelle des premières années de l'Union identifiable aux jeunes de l'Institut et de *L'Avenir*. L'un d'eux,

Joseph Doutre, en fait tôt le constat :

> En effet, repassez l'un après l'autre les différents organes
> français de l'opinion publique à Montréal et partout vous
> trouverez le levier immense de la presse entre les mains de
> jeunes gens dont l'apparition dans le monde politique ne
> date que de la création de nos sociétés de réunion et de
> discussion. (n° 27 : 92)

L'Aurore des Canadas, qui annonce et relate des conférences
dont elle publie aussi des textes, en prend note : « il existe donc un
rapport nécessaire entre les associations et les journaux ; les journaux font les associations, et les associations font les journaux[1] ».
L'essor de la tribune et de la presse, des gens de parole et des
journalistes est on ne peut mieux caractérisé.

L'Institut même ou l'imprimerie du *Pays* veillent à publier les
textes de conférences jugées marquantes : six d'entre elles sont
reproduites dans *L'Institut Canadien en 1852*, dans *L'Institut
Canadien en 1855* ou dans les *Annuaires* pour 1867, 1868 et 1869.
James Huston, membre de l'Institut à ses débuts, reprend le texte
de neuf conférences de l'Institut Canadien dans son *Répertoire
national* en quatre volumes qui paraît de 1848 à 1850. Quinze
conférences paraissent en livre ou en brochure l'année même de
leur présentation, dont cinq d'Étienne Parent et quatre de Louis-
Antoine Dessaulles. On juge même utile de traduire pour publication les conférences du pasteur Cordner sur l'hospitalité de l'esprit
(n° 100) et du directeur du *New York Tribune*, Horace Greeley,
aussi sur la tolérance (n° 104).

Les conférenciers

Soixante-deux conférenciers et une conférencière montent à
la tribune de l'Institut Canadien de 1845 à 1871.

C'est souvent à la demande d'un comité de régie ou d'un
comité de « lectures » de l'Institut, ou sur l'invitation du Président[2]
qu'ils acceptent de prendre la parole. Le choix du sujet semble
laissé au conférencier, bien qu'il ne soit pas exclu que l'on ait

demandé à tel membre de l'Institut ou à telle personne de passage d'aborder tel ou tel sujet. L'Institut, par la voix de son comité de régie, pria même certains conférenciers de publier le texte de leur conférence. À trois occasions au moins, le comité dut intervenir sur le choix des conférenciers : en 1848, on regrette que le premier étranger à monter à la tribune de l'Institut ait dévié de son sujet pour finalement parler du fanatisme et des préjugés des jeunes Canadiens (n° 20) ; en décembre 1862, on s'oppose à un projet de conférence de Henry Lacroix, pasteur protestant, et en 1864, on refuse à Théodore Lafleur, pasteur protestant francophone, qui vient de faire une conférence sur la destinée humaine (n° 91), d'aborder la question de la raison et de sa foi. Au nom de la tolérance religieuse, les membres de l'Institut votent une résolution empêchant la tenue d'une conférence sur ce sujet[3].

Le conférencier que le public regarde est dans la vingtaine, une fois sur trois, et ce même si la moyenne d'âge des conférenciers est de 38 ans. La conférence publique est, à l'image de l'Institut Canadien, une initiative de « jeunes gens », de la génération montante du début de l'Union. La tribune de l'Institut a des allures de scène pour jeunes premiers : Médéric Lanctôt y fait sa première conférence à 19 ans, Hector Fabre à 21 ans, Arthur Buies et Gonzalve Doutre à 22 ans. Si la moyenne d'âge est plus élevée, c'est que certains conférenciers ne sont plus jeunes, tel Louis-Joseph Papineau qui fait une conférence autobiographique à l'âge de 81 ans (n° 101). Au tout début, on fait appel aux aînés pour conférer quelque panache à l'initiative. Enfin, les conférenciers assidus vieillissent : Dessaulles fait sa première conférence à 33 ans, sa dernière à 51 ans et Joseph Doutre à 25 et à 42 ans.

Ces conférenciers portent des noms familiers du public : francophones montréalais et des environs de Montréal, parfois de l'extérieur, tels Parent et Louis-Michel Darveau, ils sont appuyés, sans distinction de langue ou de religion, par des conférenciers au patronyme anglais : Wolfred Nelson, l'abbé Bernard O'Reilly, Thomas d'Arcy McGee, le pasteur Cordner, W. Smith, un certain Dutton.

Libéral, curieux de l'évolution politique internationale, l'Institut Canadien accueillit une quinzaine de conférenciers étrangers qui firent une vingtaine de conférences. Ce furent essentiellement des Européens, et sauf un Italien, ancien directeur de l'*Eco d'Italia,* M. Tacchella (n° 97), et un Belge, un certain Spilthorn (n°s 98,99), ce furent des Français de passage, le plus souvent journalistes: Mme Manoël de Grandfort (n° 46) qui vient de faire des conférences en Louisiane comme nous l'apprend sa relation de voyage, *L'Autre Monde,* publiée en 1855, Paul Arpin, républicain, ex-rédacteur en chef du *Courrier des États-Unis* devenu bonapartiste[4], Charles Marle, ex-rédacteur au *Constitutionnel* (n° 49), Louis Cortambert, autrefois à la *Revue de l'Ouest* (n°s 86,88,89,90), Jean-Baptiste Desplace, journaliste et agent littéraire de Lamartine (n° 59). Le public put aussi entendre le capitaine Tailhades (n° 33), un militaire émigré après 1848, Henri de Caussin (n° 42), le Dr Auguste Nicolas (n°s 67,69), le supérieur du nouveau Collège Sainte-Marie, le jésuite Félix Martin (n° 16), le sulpicien Armand de Charbonnel (n° 6) et le mystérieux M. Escalonne (n° 20). Cette association libérale ne pouvait pas ne pas suivre les événements en France. Abonnés au *Courrier des États-Unis,* le journal français de New York, l'Institut et *L'Avenir* se réjouirent de la révolution de 1848 mais dénoncèrent le coup d'État du 2 décembre 1851. J.-G. Barthe, membre de l'Institut et son correspondant en France, publie son *Canada reconquis par la France* (1855) au moment de la venue de *La Capricieuse.* L'Institut qui accueillit le prince Napoléon en 1861 ne pouvait qu'être libéral, anticlérical et républicain, admirant la France d'après 1789 et non celle de l'Ancien Régime.

Un Franco-Américain, François Boucher, vint entretenir les auditeurs de l'Institut; et le grand démocrate Horace Greeley, rédacteur au *New York Tribune,* vint un soir d'anniversaire de l'Institut (n° 104) appuyer Dessaulles dans sa campagne pour« la tolérance civile et religieuse ».

Cette mobilité géographique des conférenciers ne fut pas que celle des étrangers. Les conférenciers de l'Institut Canadien, qui avait déjà fait d'importants dons de livres à l'Institut Canadien de l'Assomption et à celui de Laprairie, « lecturèrent » aussi ailleurs, reprenant leur conférence pour un autre public : J.-G. Barthe (n° 24) à l'Institut Canadien de Québec, le Dr Nicolas (n° 67) à l'Institut littéraire de Laprairie, Dessaulles (n°s 60,103) à Saint-Hyacinthe, et probablement J.-B.-É. Dorion et quelques autres.

Cette ouverture de l'Institut est encore corroborée par le constat que seulement la moitié des 63 conférenciers en furent membres, dont huit occupaient un poste de direction au moment de leur intervention publique.

Les associations culturelles de l'époque firent sans doute éclater le monopole de l'éloquence des avocats, comme le constatait Joseph Doutre ; cela fut davantage vrai pour les essais et les débats, mais non pas pour les conférences publiques. À l'Institut Canadien, des gens d'écriture et des gens de parole firent la moitié des 110 conférences : 29 sont données par des journalistes[5], 27 par des gens de droit — 18 par des avocats, 5 par un juge, 2 par des notaires, 2 par des étudiants en droit[6]. D'ailleurs, en ces années d'encombrement des professions libérales et du droit en particulier, où les titres de journaux et les ministères politiques apparaissent et disparaissent rapidement, la circulation entre ces deux professions est particulièrement forte.

À nouveau on observe ce lien multiforme entre la presse et les associations. La domination de gens d'écriture et de gens de droit atteste du pouvoir des mots. Les conférenciers de l'Institut Canadien furent des gens de parole, de plaidoirie, d'argumentation. Sa tribune fut à la fois un « champ d'exercice » et un tremplin social.

À différentes époques, les grandes voix de l'Institut furent aussi des avocats et des journalistes. Cinq conférenciers animèrent près du tiers des soirées, abordant plus du quart des sujets : Louis-Antoine Dessaulles, journaliste, conseiller législatif puis greffier, fit vingt conférences sur dix sujets différents entre 1850 et 1871 (Tableau VI). Étienne Parent, ex-journaliste alors greffier du Conseil exécutif, et le juge Charles Mondelet furent deux de ces aînés à chacun desquels on fit cinq fois appel entre 1846 et 1849. Joseph

Doutre, journaliste et avocat, monta aussi cinq fois à la tribune de l'Institut entre 1850 et 1854, tout comme Arthur Buies, journaliste qui personnifia le « lectureur » actif de l'Institut entre 1862 et 1871. Ce furent là les grands ténors de l'Institut Canadien ; le texte de leurs conférences fut publié dans les journaux. De surcroît, les cinq conférences de Parent furent publiées en un volume de 157 pages en 1850 ; 18 des 20 conférences de Dessaulles — à l'exclusion de celles qu'il prononça sur Lamartine et sur le progrès — furent publiées sous forme de livres ou de brochures[7].

Le contenu des conférences

Rares sont les membres de l'Institut Canadien auxquels on aurait pu demander : de quoi parla-t-on dans ces conférences publiques de 1845 à 1871 ? Mais Joseph Doutre est l'un de ceux-là : il a 19 ans à la fondation de l'Institut, 46 ans au moment de la dernière conférence publique, celle d'Arthur Buies en 1871. Doutre a de surcroît le sens de l'histoire : il est le premier membre de l'Institut auquel on demande, en 1850, de faire la conférence publique célébrant un anniversaire de l'association (n° 27). Serait-il d'accord avec notre vision a posteriori de l'évolution des thèmes des conférences publiques ?

L'année 1856 nous semble un point tournant au-delà du fait qu'elle constitua numériquement un apogée de la conférence publique à l'Institut Canadien. Depuis 1845, les « lectureurs » parlent des grandes libertés et de la démocratie, de l'utilité des associations, des besoins pressants d'instruction populaire. Étienne Parent a mis en mots d'économie politique le défi économique des débuts de l'Union et de l'abolition du protectionnisme britannique, abordant même la question des rapports entre la société et le prêtre, ce prêtre auquel on faisait encore place à l'Institut en la personne du sulpicien de Charbonnel et du missionnaire de la colonisation, l'Irlandais O'Reilly.

Le programme politique des libéraux se radicalise en 1848 avec le retour en scène de Papineau. En pleine crise annexionniste, les six conférences de Dessaulles sur l'*Annexion du Canada aux États-Unis* (n° 26) font figure d'option politique à la tribune de l'Institut. C'est une première. Les difficultés de l'Institut avec Mgr Bourget à propos de la bibliothèque commencent en 1852, et une motion pour exclure « certains » journaux de la « salle des nouvelles » est battue en 1855.

14 mars 1856 : Dessaulles, membre de l'Institut depuis un an, fait une conférence sur *Galilée, ses travaux scientifiques et sa condamnation* (n° 56). À plus d'un siècle de distance, la conférence paraît métaphorique : Galilée signifie Institut Canadien, Péripatéticiens renvoie à ultramontains. Contre les Péripatéticiens, s'exclame Dessaulles, Galilée montra « trop d'indépendance d'esprit » ; celui-ci « revenait dans un pays où les Péripatéticiens avaient toute influence ». Au bout d'une heure et demie, il conclut : « Ce n'est pas tant Galilée que l'on persécutait que les principes de libre arbitre moral, d'indépendance philosophique qu'il introduisait dans l'enseignement, dans les études scientifiques. » L'ère de l'Inquisition, l'ancienne et la nouvelle, était ouverte, préfigurant les démêlés multiples entre les membres modérés et radicaux de l'Institut, entre l'évêque de Montréal, Rome, *Le Pays* et l'Institut.

La conférence paraît aujourd'hui métaphorique ; elle semble aussi symbolique au sens où elle inaugure une série de conférences, par Dessaulles et par d'autres, qui allaient prendre pour thèmes des sujets controversés : le progrès (n°s 57,68,95), les difficultés entre l'Institut et Mgr Bourget (n°81), la Confédération (n°s 93,94) et la tolérance (n°s 100,101,103,104).

Joseph Doutre reconnaîtrait-il que l'arrivée de Dessaulles, « le » conférencier de l'Institut, au moment des premières dénonciations publiques (1858) de l'évêque Bourget constitua un point tournant dans la thématique des conférences à l'Institut ?

Cette année repère de 1856 explique la prépondérance des questions d'actualité chez les conférenciers. Les auditeurs entendirent aussi plusieurs exposés sur l'histoire, sur la littérature française puis sur la médecine, et en particulier sur le magnétisme animal (n°s 45,67,70). Une constellation de thèmes — les libertés et la

démocratie, l'instruction, l'économie politique et le nationalisme
— a dû constituer l'identité des conférences à l'Institut avant que
celui-ci ne se focalisât sur sa propre survie (Tableau VII).

En « lecturant » en 1848 sur l'indépendance de caractère
(n° 22) « qui est la vie même », le juge Mondelet proposait aux
individus et aux professions un programme qui serait aussi celui
d'une institution, l'Institut Canadien. Insistant sur le fait « que
laisser réduire votre intelligence à l'esclavage est un crime contre
la Majesté Suprême du Créateur qui a voulu que [les actions]
fussent parfaitement libres », le juge patriote assignait à l'intelligence l'objectif « de répandre les lumières » et aux sciences celui
d'être « le boulevard des libertés publiques » (n° 23). À l'occasion
du cinquième anniversaire, il réaffirmait la vocation symbolique de
l'Institut : être « l'étendard de la liberté ». Indépendances, au plu-
riel : tel devenait le programme global de l'Institut.

L'année suivante, Joseph Doutre rappelle à la jeunesse canadienne que, grâce à l'Institut, « il lui est possible de faire son
éducation politique et sociale de bonne heure », ce que n'avaient
point connu les générations précédentes (n° 27). Plus d'un conférencier monte donc à la tribune pour rappeler ce combat pour les
libertés publiques, pour la diffusion des « notions des vertus civiques ». Pierre-Richard Lafrenaye résume leur propos en
1854 : l'Institut Canadien « contribue puissamment à leur donner le
goût de l'exercice de leurs droits politiques, ce qui est un grand
avantage au développement régulier et constant des institutions
électives » (n° 50 : 101).

Dessaulles, quant à lui, indique l'objectif démocratique ul-
time, la république :

> Allons-nous enfin ne pas tenir compte de cette association
> d'idées générale, universelle qui domine aujourd'hui les évé-
> nements et les hommes dans le nouveau monde, et les domi-
> nera finalement dans l'ancien ; de cette association d'idées
> qui a irrévocablement décrété la chute, la mort de tout état
> social qui n'est pas la démocratie ; de tout principe politique
> qui n'est pas la souveraineté du peuple ; de toute

organisation nationale qui n'est pas la république.
(n° 26 : 115)

Une association démocratique devait être une école de démocratie pour une société démocratique. Joseph Lenoir le rappelle clairement : on parle certes de « république des lettres » et non pas de monarchie des lettres ; « les lettres sont essentiellement démocratiques et souffrent la domination avec impatience ». (n° 34) Formule prémonitoire en 1852 lorsque l'on connaît l'histoire de ce que souffrira, avec impatience, l'Institut Canadien.

Ces « lettres » et ces idées démocratiques, c'est à l'Institut même qu'on venait les puiser, selon Lenoir :

> Les idées que j'émettrai dans le cours de ma lecture rencontreront-elles votre approbation ? Je l'espère. Je les ai puisées à la source où vous-mêmes en puisez chaque jour : dans le magasin des choses de l'âme appelé Bibliothèque de l'Institut Canadien. (n° 34 : 240)

Symbole de l'instruction mutuelle et de l'éducation civique, l'Institut Canadien fut normalement pour les conférenciers une tribune de promotion de l'école, de l'instruction « populaire ». P. R. Lafrenaye le rappelle à son auditoire : « L'éducation nationale n'est que le corollaire de la souveraineté du peuple » et « le principe électif sans l'enseignement des devoirs de la vie publique et sociale devient une amère dérision ». (n° 50 : 103-104) Durant les dix premières années de l'Institut, les conférenciers reprennent cette idée de l'instruction populaire comme projet démocratique et solution sociale. La soirée du 19 février 1848 fut vraisemblablement un grand moment à l'Institut Canadien. Chaleureux, profondément démocrate, Étienne Parent fit une critique responsable de la loi scolaire de 1841, de son succès relatif. D'entrée de jeu, il interpelle son auditoire : « Ne vaudrait-il pas la peine de s'enquérir, plus attentivement qu'on ne l'a fait peut-être, si l'opposition du peuple est aussi aveugle, aussi irraisonnable qu'elle paraît l'être au premier abord ? » Parent affirme qu'il « ne désespère pas du peuple » et « qu'il faut qu'il y ait quelque chose de plus » que « le cri aux taxes ». La coercition est une arme législative qui fait réfléchir le démocrate : « Non, n'habituons pas le peuple à se soumettre sans discussion, sans résistance constitutionnelle et légitime, à des mesures qui lui répugnent. » (n° 13 : 173) Favorable comme démocrate à la décentralisation, il insiste sur « la nécessité d'habituer peu à peu le peuple à gérer ses propres affaires locales ». Socialement démocrate, il en appelle à une taxation qui ne soit pas proportionnelle mais progressive : « Il serait à désirer que tous les impôts fussent progressifs, car alors le pauvre serait soulagé et le riche paierait selon ses moyens. » (n° 13 : 179)

Le 2 avril 1852, P.-R. Lafrenaye, qui présidera deux ans plus tard le comité issu d'une grande « convention » de l'Institut Canadien sur la réforme de l'instruction, propose aux auditrices et aux auditeurs une vision tout aussi démocratique et réaliste de l'instruction : « C'est par la science, c'est par l'instruction que l'égalité doit s'infiltrer dans la société et que tous les hommes qui naissent avec les mêmes droits peuvent demeurer égaux. » (n° 37)

Projet démocratique, l'instruction est aussi présentée comme solution sociale. P.-R. Lafrenaye propose l'éducation des masses comme moyen universel pour assurer l'ordre social et « repousser cette assertion que la société est l'exploitation de l'homme par l'homme » (n° 37). Pour Charles Sabourin, criminalité et analphabétisme vont de pair (n° 28). Parent souligne « la tendance éminemment moralisatrice de l'instruction », déclare que « l'instituteur est devenu le meilleur chef de police ». Il se fait un moment impératif :

> Choisissez donc, riches, entre la force publique armée et un corps enseignant respectable, entre la prison et la maison d'école, entre le geôlier et le bourreau même et l'instituteur. (n° 13 : 180)

L'industrie naissante et la ville rendaient évidentes les inégalités.

Les conférenciers adoptent des points de vue variés sur la confessionnalité de l'école. Augustin-Norbert Morin (n° 2) propose en 1845 des écoles mixtes sur le plan linguistique qui consacre-raient à l'instruction religieuse des périodes délimitées. En 1851, Charles Sabourin se déclare, dans l'esprit du *Pays*, en faveur de la séparation :

> Dans nos familles, dans nos écoles, dans nos collèges, prépa-rons nos enfants à bien comprendre quel doit être le nou-veau frontispice de notre système social. Qu'ils apprennent que l'ordre religieux et l'ordre politique doivent toujours être entièrement distincts, que la loi civile règle les droits de la terre et que la loi religieuse voit aux affaires du ciel. (n° 28)

En 1848, Parent s'en était tenu à un propos philosophique : conscient de la montée du matérialisme tout comme des dangers d'un spiritualisme exagéré, il rappelle à ses auditeurs « qu'il n'y a de bon, de bien, de durable, que ce qui se fait en vue de Dieu » et souhaite « que chez nous se forme une sainte et salutaire alliance entre les intérêts spirituels et temporels ». (n° 13 : 185)

La richesse « temporelle » devient un leitmotiv dans les confé-rences, une préoccupation qui lie cette problématique d'instruction à celle de la démocratie politique et sociale. Parlant d'instruction primaire, un conférencier fait un rappel caractéristique :

> La richesse d'un pays consiste autant et même plus dans l'énergie, l'activité et le travail intelligent de ses habitants, que dans la fertilité du sol et les ressources de son territoire car qu'est-ce que la propriété ou la matière première sans le secours de l'intelligence pour la manier et la rendre précieuse ? (n° 37)

Pour Étienne Parent qui sera, parmi les conférenciers, le grand promoteur de l'étude de l'économie politique avec J.-B.-É. Dorion (n° 36) et A. E. Kierzkowski (n° 53), l'économie politique représente précisément, en un temps d'encombrement des profes-sions libérales, l'application de l'intelligence à la richesse, à sa production, à sa distribution et à sa consommation. Parent commu-nique dans trois de ses cinq conférences portant spécifiquement sur l'économie politique une rare conscience des changements et des défis. Pour l'ex-directeur du *Canadien*, « le temps n'est plus où, pour soutenir la lutte avec honneur et avantage, il suffisait à nos hommes publics d'avoir du courage, du dévouement, de l'éloquence, et une grande connaissance du droit naturel, politique et constitutionnel ». Il avertit son auditoire : la lutte n'est pas finie, ne finira même jamais ; « elle a seulement changé de terrain ». Avec ce sens de la formule qui est celui du grand conférencier, il déclare : « Nous avons su trouver des Burke et des Mirabeau, lorsqu'il nous les fallait, et maintenant qu'il nous faut des Cobden et des Peel, nous saurons les trouver. » (n° 5 : 129,133)

Parent se fait donc le promoteur de la recherche et du développement de la richesse, véritable source de la « puissance sociale ». Se référant tout autant à Sparte qu'aux États-Unis, il propose « d'honorer l'industrie », « d'ennoblir la carrière de l'industrie, en la couronnant de l'auréole nationale » (n° 3 : 117). Dorion reprendra cette idée à la même tribune, en l'appliquant cette fois au commerce et à l'urgence d'une éducation commerciale. (n° 36)

Familiarisés avec cette « science nouvelle » qu'est l'économie politique et citant des auteurs de Grande-Bretagne et de France, certains conférenciers se révèlent des libéraux sur le plan économique, et de véritables libre-échangistes. Toujours convaincu que la lutte a changé de terrain, Parent invite son auditoire à tirer des conclusions :

> Nous avons vu ce qu'a déjà fait le principe de la liberté populaire qui n'est proclamé que d'hier. Eh bien ! on proclame aujourd'hui un autre principe dont les conséquences seront immenses pour l'humanité, je veux parler du principe de libre-échange. La doctrine du libre-échange, comme on sait, est fondée sur cette vérité trop longtemps méconnue, et dont l'ignorance a causé des maux incalculables, savoir : Que chaque peuple est intéressé à la prospérité des autres peuples, par la raison toute simple qu'on ne vend qu'aux riches. (n° 3 : 164)

Il se réjouit de « l'acte des céréales », de la fin du protectionnisme britannique :

La mère-patrie, en nous retirant la protection qu'elle accordait à nos produits, va nous donner le droit de retirer, de notre côté, la protection qu'elle assurait à ses propres produits sur notre marché ; elle nous ouvre en même temps tous les marchés du monde, et permet au monde entier de venir chez nous. (n° 5 : 137)

Touchant « un mot sur le commerce » à la tribune de l'Institut en mars 1852, J.-B.-É. Dorion s'affirmait aussi libre-échangiste :

En fait de commerce, et de tout ce qui s'y rattache, je suis partisan du *laisser-faire* ou de la liberté la plus entière, car c'est là l'esprit, la nature, l'âme, la vie du commerce. Plus il est libre, plus la concurrence est grande et plus il y a de compétition... (n° 36 : 217)

Des « *corn laws* » au traité de réciprocité (1854) avec les États-Unis, les conférenciers, partisans du libéralisme économique, valorisent la richesse comme puissance sociale pour « la nationalité » tout en déplorant « la concentration des richesses dans un petit nombre de mains » (n° 13 : 193). Parent, Lafrenaye et Dorion s'emploient à nier que la société soit « l'exploitation de l'homme par l'homme ». Dorion dénonce le droit de banalité comme une *protection* accordée aux seigneurs et réclame l'abolition de cette concentration de richesse (n° 36 : 221-222). Parent multiplie les mots d'ordre : évitons de perpétuer une aristocratie qui fut « la plaie, la lèpre des nations européennes nos mères » ; « gardons-nous des lois qui peuvent favoriser la concentration des richesses dans certaines classes... » (n° 8 : 161). Le mot « classe » revient de façon récurrente dans ces conférences sur l'économie politique ; nouvelle formulation d'une préoccupation démocratique, il se réfère à la souveraineté populaire, au peuple, aux masses qui ont un besoin urgent d'instruction « universelle ». Dans le contexte économique et commercial de l'Union, la souveraineté populaire prend de nouveaux accents :

Je m'adresse surtout aux classes commerciales et ouvrières qui sont maintenant comme le pivot sur lequel roulent les questions de progrès et d'avancement, les chances deprospérité, l'espoir de la nation. (n°44)

On ne doit pas négliger la conscience sociale de ces conférenciers de l'Institut Canadien. L'institution cherche un membership socialement élargi ; les conférenciers s'inquiètent de la croissance des inégalités, préconisant, dans un certain vocabulaire de « classes », l'extension de l'instruction populaire et l'adhésion aux nouvelles formes du travail industriel et commercial. Des conférenciers rappellent que le combat a changé de terrain, donnant une toute nouvelle dimension sociale au traditionnel leitmotiv politique de la souveraineté du peuple. Aux yeux du pasteur Cordner les activités mêmes de l'Institut visaient un nivellement social :

> Messieurs, le monde de la pensée se meut. Notre destinée est celle de ce dix-neuvième siècle, — siècle de livres et de journaux imprimés et distribués par la vapeur. Ces livres et ces journaux sont des niveleurs de société, mais dans la meilleure acception du mot. Ils nivellent en élevant. Ils font monter les classes inférieures de la société, élargissent le cercle de leurs idées, et leur confèrent de plus en plus les privilèges distinctifs de l'homme. (n° 100 : 13)

Présente, significative, cette préoccupation sociale n'en demeure pas moins dominée par le problème national. La génération des libéraux de l'Institut Canadien, de *L'Avenir* et du *Pays* prend la relève de la génération de Papineau, de Fabre, des Patriotes. Leur réflexion et leur action suivent et traversent des moments critiques — les insurrections, l'Union et surtout leur appel pour l'abrogation de l'Union, le débat sur la Confédération — qui, comme ce fut le cas pour la première génération, les obligent à conjuguer leur libéralisme et leur nationalisme. Si leur sentiment d'appartenance à une nation ne fait pas de doute, leur réflexion — qui avorte dans les faits en 1848 — les mène même à invoquer le principe des nationalités, le droit des peuples à disposer d'eux-mêmes comme l'ont réclamé les Belges, les Hongrois, les Polonais, les Irlandais et bientôt les Italiens. Pour certains de ces libéraux « souverainistes », la rupture du lien colonial devait aller de pair avec le gouvernement responsable. Cet impératif de conjuguer nationalisme et libéralisme est d'autant plus pressant que des milieux politiques et l'Église tentent d'annexer de plus en plus leurs valeurs conservatrices au nationalisme. C'est d'ailleurs en réponse à un nationalisme qui définit le Canadien français comme catholique d'abord, francophone et rural ensuite que certains libéraux, vers 1867, vont accentuer leur libéralisme aux dépens de leur nationalisme, préférant se présenter comme démocrates avant d'être nationalistes. C'est donc en ce quart de siècle où il n'est pas facile d'annoncer ses couleurs que les conférenciers montent à la tribune de l'Institut Canadien. Le problème national y prend plus d'une forme : affirmation de la nationalité, signes d'une conscience historique libérale, essai de définition d'une spécificité culturelle, proposition de « moyens pratiques » pour « conserver » la nationalité, débat enfin sur la compatibilité du libéralisme et d'un certain nationalisme.

Dès 1846, Étienne Parent incite ses auditeurs à prendre acte de ce besoin de conscience nationale :

> ... que l'idée de notre nationalité soit toujours notre boussole, notre étoile polaire au milieu des écueils dont est semée la mer orageuse de la politique. (n° 3 : 116)

Dans cette « société exclusivement destinée à la jeunesse » dont on propose de faire une « société nationale » (n° 27 : 97), les conférenciers font montre d'une conscience historique articulée au moment où Garneau publie son *Histoire du Canada* (1845-1852) et où la poésie s'alimente à l'histoire. Entre la conférence (n° 39) de Charles Laberge sur les soixante ans (1852) de la Chambre d'Assemblée et celle que Louis-Joseph Papineau, en 1867, consacre à sa propre vie (n° 101), des conférenciers s'emploient à constituer un panthéon libéral de modèles, une « chaîne de noms » à vénérer en faisant des conférences nécrologiques sur Denis-Benjamin Papineau (n° 47), Édouard-Raymond Fabre (n° 48), Chevalier de Lorimier (n° 54) ou John Neilson (1845-1852) (n° 58).

D'autres tentent de façonner une identité culturelle nationale, tel Guillaume Lévesque dans « De l'influence du sol et du climat sur le caractère, les établissements et les destinées des Canadiens » (n° 10) qui développe l'analogie entre la géographie et le caractère national, explore la signification du rang, du climat sur « la socia-bilité » rurale, annonce que le Nord sera le domaine des Canadiens français et se résume en confiant à ses auditeurs : « notre pays n'est donc que la création du grand fleuve » (n° 10 : 297). Telle est aussi la perspective de Joseph Lenoir qui, après avoir provoqué son auditoire — « Avons-nous des poètes, avons-nous des historiens ? Non, je suis fâché de le dire au risque de blesser toute susceptibilité littéraire. Nous ne sommes tous que des copistes » —, trace, après Fenimore Cooper, le programme d'une culture et d'une littérature nationales ayant prise sur l'espace et sur le temps :

> Quels accents nouveaux ne doivent pas réveiller la riche et immense nature qui nous environne ! Je les entends tonner avec la cataracte, courir la nuit sur le grand fleuve, dans les chants joyeux du voyageur canadien qui va dans les pays hauts, vibrer avec les souvenirs des combats de 1812, se faire candides et suaves comme les filles de ce pays et généreux parfois comme la voix de la liberté.

Voilà la littérature indigène, telle que nous la rêvons, et telle que tôt ou tard elle devra paraître. (n° 34 : 255-256)

Les conférenciers à l'Institut Canadien ont aussi exploré les « moyens » de « conserver notre nationalité ». Les conférences d'Étienne Parent (nos 3, 5, 8) ou d'Alexandre-Édouard Kierzkowski (n° 53) sur l'économie politique se situent dans cette perspective . Jean-Baptiste-Éric Dorion promeut le commerce, mais aussi la colonisation, « corde sensible de notre existence nationale ». L'homme qui a ouvert le canton de *L'Avenir* à la colonisation élève même le ton dans sa conférence de 1861 : « Pardon, si je parle un peu fort. Quand on a vu ce que j'ai vu » (n° 78). « Lecturant » aussi sur la colonisation en 1848, l'abbé O'Reilly y voit « le salut pour les générations futures » (n° 15). Louis-Michel Darveau reprend cette idée de la stratégie foncière et agricole (n° 75) à laquelle Arthur Buies, bientôt propagandiste et secrétaire du curé Labelle fait écho en écrivant : « C'est parce qu'il est maître du sol que le peuple canadien est maître de l'avenir » (n° 82). Quant à l'idée du Nord de G. Lévesque, J.-B.-É. Dorion la reconduit en 1861 : « le Nord sera toujours le lot de la population française » (nº 78).

Le rappel de l'Union par Papineau, Dessaulles et *L'Avenir,* tout comme le droit des libéraux italiens à faire « l'union » italienne poussent la réflexion nationale dans ses derniers retranchements : l'appel au principe des nationalités, au droit des peuples comme des individus à s'autodéterminer. Dessaulles déclare à son public :

> C'est la civilisation qui a appris au peuple que la souverai-
> neté, soit individuelle, soit collective, était inaliénable ; que
> par conséquent, de même qu'un homme ne pourrait être la
> propriété d'un autre homme, de même un peuple ne pouvait
> être la propriété politique d'un autre peuple. (nº 26 : 14)

La même année, en 1850, dans une initiative à la fois pluraliste, libérale mais aussi provocatrice, l'Institut Canadien change sa Constitution pour permettre dorénavant aux anglopho-nes — potentiellement protestants — d'être membres et « officiers » de l'Institut. Ce changement constitutionnel se réper-cutera dans les conférences. En 1852, Charles Laberge se fait nationaliste, libéralement :

> Ne serait-il pas temps de comprendre enfin que quelle que soit
> la langue que parle chaque individu, quelle que soit la religion
> qu'il professe, il est homme d'abord, Canadien ensuite et que
> ces qualités lui sont communes avec tous les autres ; que toutes
> les origines souffrent de ces divisions intestines ; que le pays
> ne progressera que du jour où, chacune professant pour les
> autres un respect éclairé, la laissant parfaitement libre dans sa
> sphère, toutes se donneront la main sur un terrain
> neutre : l'amour de leur commune patrie. (nº 35)

P.-R. Lafrenaye décrit à son auditoire « ce mouvement des populations qui s'opère sur notre continent qui, par la nature des institutions, tend à la fusion des nationalités et à l'homogénéité des races... » (nº 50 : 114).

Conférencier lors du neuvième anniversaire de fondation de l'Institut, Charles Daoust va plus loin :

> Qu'est-ce donc que cette nationalité à laquelle le peuple se
> cramponne comme par instinct ? Est-ce la langue française ?

Non ! La religion ? Non ! Les lois anciennes défigurées, tronquées par les statuts ? Non ! Est-ce le bonnet de laine bleu, les souliers de bœuf, le paletot d'étoffe du pays ?

Est-ce la carriole à l'antique, la pipe et le curé, comme disait dernièrement un journal du Haut-Canada ? Assurément non. Qu'est-ce donc ?

C'est une chose qui se sent mieux qu'elle s'exprime ; c'est un sentiment plutôt qu'une pensée définie ; un souvenir plutôt qu'une réalité tangible, palpable.

Ce n'est ni la langue, ni la religion, ni les lois, ni les institutions prises chacune en particulier ; c'est l'essence, l'abstraction, la forme insaisissable de tout cela — c'est le culte de la patrie — c'est la religion des tombeaux.

À mesure que les idées se généralisent, que les peuples s'affranchissent du joug du pouvoir et se rapprochent pour se serrer la main dans un élan de fraternité, ce sentiment perd de son intensité, et dans la suite des siècles, il viendra peut-être un temps où l'homme pourra dire avec vérité : Je suis citoyen du globe.(no 44)

Mais cette « démocratie universelle » à venir n'empêche pas de sentir « comme un besoin de prolonger notre vie nationale et de laisser à nos neveux un héritage intact et florissant ».

Arthur Buies qui a fait la campagne de Sicile avec les « chemises rouges » de Garibaldi sait de quoi il parle lorsqu'il rappelle à ses auditeurs « que nous sommes dans un siècle où il n'y a plus de combats que pour les nationalités », question qui « s'agite en ce moment dans le monde ». Avant même que ne s'ouvrent en 1864 les débats sur le projet de confédération, Buies ne voit pas « l'avenir de la race française en Canada » dans cette direction, résumant cette somme de clivages nationaux et culturels au Canada sous l'expression du « vice de la décentralisation dans l'ordre politique ». À la tribune, il expose ainsi son point de vue :

... ce qui arrête notre progrès, ce qui complique la désorganisation, c'est le frottement des races qui toutes apportent au sein de l'Assemblée Législative des intérêts le plus souvent étrangers au pays, des intérêts de tradition, des idées qui ne sont pas en rapport avec notre état particulier, des tendances qui n'ont aucun but précis, aucune forme nationale, et surtout, et ce qui pis est, une langue qui n'est pas la nôtre. J'appuie sur ce fait, et je le considère comme l'obstacle le plus invincible à notre unité. Là où il n'y a pas unité de langue, il ne peut y avoir unité de politique.

Puis reprenant son souffle, il creuse cette idée centrale :

Dans la langue en effet, se résument toutes les idées, tous les intérêts, tous les penchants. Entre le peuple et un homme qui ne parle pas sa lad'expression [...] si la langue donne aux idées leur forme, elle donne aussi à l'esprit une tendance particulière : il y a une relation, une harmonie nécessaire entre les choses et les formes de ces choses. Quiconque méconnaît cela n'a pas observé la formation et le développement de la pensée chez l'homme.

Le public n'était pas au bout de ses plaisirs ou de ses étonnements :

Du reste, c'est un trait distinctif de notre époque que la fusion des idées et des tendances des peuples entre eux ; et, chose qui paraîtrait étrange aux esprits peu observateurs, c'est qu'au milieu de cette fusion, chaque peuple tend de plus en plus vers l'affermissement de la confirmation de sa nationalité, de son gouvernement propre, de son autonomie. La raison en est simple : c'est que le mot fusion ne veut pas dire confusion : c'est que les peuples en se rapprochant ne veulent pas s'annuler, c'est que pour devenir plus sympathiques, plus liés entre eux, ils ont besoin d'une indépendance forte et assurée (il n'y a guère d'union du fort au faible) ; c'est enfin parce que dans l'établissement de la nationalité se trouve la garantie de l'inviolabilité, la sanction d'un droit général et réciproque, le pouvoir basé sur les sympathies populaires, le progrès devenu sensible et cher, la marche naturelle et respectée vers une union générale.(n° 82)

Les voies vers la « démocratie universelle » paraissaient multiples.

Arthur Buies remonte à nouveau à la tribune de l'Institut

Canadien pour parler, en 1863, de « La situation politique du Canada » (n° 85) et, en 1864, de « La Confédération, aspects politiques, sociaux, philosophiques » (n° 93), conférences dont on n'a point retracé le texte. Le contenu ne devait guère différer de celui de la conférence sur « L'avenir de la race française en Canada » si l'on en juge par la monumentale réplique de Gonzalve Doutre, *Le Principe des nationalités*, (n° 94) qui répond à la conférence de son « prédécesseur » Buies sur « La Confédération » (n° 93) et à tous les « séparatistes nationaux » (n° 93 : 68).

Se défendant d'appuyer le projet de confédération, G. Doutre rappelle le phénomène « d'immigration universelle » et refuse de définir la nationalité par la langue ou le sang, par la couleur, avançant même devant des auditeurs attentifs à la réplique, qu'il ne faisait « pas de différence entre l'esclavagiste et le faux patriote » (n° 94 : 60). Il récuse encore la spécificité religieuse, prouvant « que la tolérance religieuse est partout », affirmant « qu'il n'y a qu'un Dieu là-haut et toutes les divergences d'opinions ne se rapportent qu'à la manière de l'adorer (n° 94 : 51-52). Pour Doutre :

> Le principe fondamental de toute nationalité, c'est l'intérêt bien entendu, qui lie tous les habitants d'un même pays ; c'est le motif bien simple d'obtenir la plus grande facilité de relations morales ou sociales ; c'est le calcul bien logique démontrant que tous sont intéressés à conserver entre eux l'harmonie domestique, et à cultiver les mêmes sentiments de conservation et de prospérité communes ».(n° 94 : 45)

Le rappel de l'Union est bien à une décennie de distance lorsque Doutre affirme : « la force ne naît pas de la division mais bien de l'union. Or, à quoi serviront toutes ces nationalités, qui n'aboutiraient qu'à des divisions intestines et non à une centralisation de force et de puissance ? » (n° 94 : 62-63). Pour lui, l'Institut Canadien qui accueille des membres, des dirigeants, des conférenciers de toutes nationalités préfigure bien cette « nationalité universelle » (n° 94 : 50, 57, 73) dont il rêve.

Le nationalisme et le libéralisme des conférenciers de

l'Institut sont éclairés par une connaissance remarquable de l'actualité internationale. « Démocratie universelle », « nationalité universelle » ne sont pas de vains mots : ils prennent leur sens dans une conscience aiguë de l'évolution du monde contemporain. Cette attention au monde s'alimente à la lecture des journaux et des ouvrages de la bibliothèque de l'Institut Canadien, à la régularité des voyages, au passage à Montréal d'Européens et d'Américains qui, rappelons-le, font une vingtaine de conférences à l'Institut.

L'actualité constitue, on l'a dit, le quart des sujets des conférences, alors que l'histoire compte pour 18 % et la littérature pour 14 % (Tableau VII). Des 27 sujets d'actualité, 19 concernent le Canada, 5 l'Europe et 3 les États-Unis.

Les conférenciers ont le sens du panorama historique. Joseph Duhamel brosse en quatre séances le tableau des « Progrès littéraires et scientifiques au XIXᵉ siècle » (nº 62), décrivant la trajectoire politique de Napoléon à Louis-Napoléon, les tendances de la littérature — celles de Chateaubriand, de Lamartine, de Hugo, des feuilletonnistes —, de la science et de la technologie. À leur façon, D. Latte (nº 29) et Médéric Lanctôt (nº 74) font le point sur l'état de l'Europe et de l'Angleterre sociale et industrielle. Mais c'est la conscience politique qui sert le plus souvent de prisme pour observer l'Europe. Dessaulles fut sans doute l'un de ceux qui fixèrent l'attention des auditoires sur cette question européenne :

> En Europe, Messieurs, et en Europe seulement, je vois trois hommes, soutenus par quelques centaines de privilégiés, tendre leurs bras en avant pour faire rétrograder les générations. [...]

> Ces trois hommes vous les connaissez comme moi. C'est Sa Majesté l'Empereur d'Autriche, l'infâme bourreau de la Hongrie et de l'Italie ! C'est Sa Majesté le czar de toutes les Russies, l'infâme bourreau de la Hongrie, de la Pologne et de la Circassie ! C'est enfin leur ami et allié, le Roi de Rome, le chef visible du catholicisme.

Voilà, Messieurs, les seuls représentants du despotisme dans le monde civilisé ».(nº 26 : 16, 19-21)

S'adressant à ses auditeurs de l'Institut Canadien qu'il appelle les « citoyens de la république des lettres », Charles Laberge s'interroge sur « la forme de gouvernement que réclame aujourd'hui le monde » (nº 35) et, paraphrasant un mot de Chateaubriand en exergue — « L'avenir est à la Démocratie » —, il annonce ses couleurs : la « tendance générale du monde qui court vers la république ». Dans une envolée qui sort de l'ordinaire, Laberge reconnaît que la cause des révolutions est le non-respect de l'autorité. Mais, demande-t-il, de quelle autorité, de quelle légitimité ? Celle de l'hérédité, de la monarchie, « déchue, irrécupérable » ou celle du peuple, du suffrage universel, de la république ? Pour Laberge, la République n'est pas synonyme de désordre, de désolation qui est plutôt causée par ses ennemis ; à preuve, la grande République voisine ne fut pas « sanglante » ; elle est la « république normale ». Ce libéral souhaite au Canada « de mettre hardiment la main à la réforme, à la décentralisation » jusqu'à l'instance municipale. La révolution, rappelle-t-il aux conservateurs, est fonction du refus des réformes.

Au moins sept conférences sur l'Europe moderne et contemporaine abordent la question de la montée des nationalismes. Louis Ricard présente à ses auditeurs le leader libéral hongrois Kossuth, dont il fait le symbole de l'émancipation et du patriotisme, en contraste avec Napoléon, figure d'oppression et de despotisme (nº 38). Dans une autre conférence, Ricard retrace « la lutte de la Hongrie en 1848 » (nº 43). En 1858, c'est au tour d'Alexandre-Édouard Kierzkowski de retracer « un épisode de l'histoire de la Pologne en 1830 » (nº 73). Thomas d'Arcy McGee évoque les quatre révolutions (nº 83). Un journaliste de l'*Eco* de Milan, Angelo Tacchella « lecture » en 1866 sur « la cause et les effets de la dernière guerre d'Italie » (nº 97), suivi par M. Spilthorn, de Belgique, qui expose que ce ne sont ni l'espace géographique ni le nombre démographique qui font un pays, mais bien plutôt « l'idée morale » (nº 98).

Quant aux quinze conférences sur la littérature, elles portent essentiellement sur la littérature française, principalement sur Lamartine dont on vient faire la promotion du *Cours de littérature* (nos 59, 60, 61). Enfin, il faut noter que les conférenciers étrangers ou français en exil contribuent à ce programme de conférences publiques sur des questions d'actualité européenne.

Sur le plan continental, la guerre civile accapare tout l'intérêt des conférenciers. Certes depuis 1845, les allusions aux États-Unis — à la grande République, au système des écoles, à la solution annexionniste, aux méthodes en agriculture — furent plus que fréquentes chez des conférenciers qui lisent des ouvrages et des journaux des États-Unis à la bibliothèque de l'Institut. L'avance démocratique du Nouveau Monde sur l'Ancien est maintes fois valorisée par Étienne Parent :

> ... et si les fondateurs des sociétés européennes furent, et si leurs descendants sont encore les nobles d'Europe, les indus-triels, les hommes du travail manuel dirigés par l'intelligence, voilà les nobles d'Amérique. [...]
>
> Qu'il [l'industriel] ne craigne pas de lever la tête, il est le père de l'Amérique civilisée. (n° 3 : 119,123)

Pour lui, l'Amérique récuse les inégalités :

> Il est vrai qu'une telle catastrophe [source du communisme] peut être très éloignée de nous, habitants de l'Amérique, où la mauvaise distribution des richesses et l'inégalité dans les moyens de les acquérir n'en sont pas encore rendues à l'état de grief vivement et profondément senti.(n° 21 : 224)

Même propos chez Charles Mondelet : « Sur le sol américain, l'homme devient ce qu'il veut être » (n° 12) ; chez Charles Daoust : l'Amérique du Nord « deviendra la grande artère de l'humanité, le foyer lumineux dont les rayons iront réchauffer les nations et les convier au banquet de la liberté » (n° 44) ; chez P.-R. Lafrenaye enfin : « La découverte de la république représentative aux États-Unis est un des plus grands événements du monde » (n° 50 : 112).

À la différence de la presse conservatrice favorable aux États du Sud[8], les libéraux et les conférenciers de l'Institut Canadien sont résolument nordistes. Pour un libéral comme Louis Cortambert qui « lecture » sur « la guerre américaine » en novembre 1863, il faut effacer « la tache de l'esclavage », apporter un correctif à cette « démocratie qui s'est prosternée devant Sa Majesté le Roi Coton, que dis-je devant le dieu coton ». Dénonçant une presse sudiste « entièrement à la solde de l'aristocratie » et « la redoutable oligarchie qui avait pris la place de la démocratie nationale », Cortambert terminait sa conférence sur un espoir :

> ... le système fédéral se fondra dans une grande république unitaire, premier symbole et prophétique image de la république universelle à laquelle sont appelés tous les peuples de la terre. (n° 86 : 9-11)

Mais c'est surtout Louis-Antoine Dessaulles qui, en six conférences publiées en brochure puis en un fort volume de 538 pages, se fait le porte-parole des libéraux pro-nordistes dans une analyse intitulée *La Guerre américaine. Son origine et ses vraies causes* (1865). S'appuyant non pas sur la presse sudiste, les « touristes » ou les témoignages de la « petite noblesse » du Sud mais sur les documents législatifs et les codes civils des États, sur des travaux d'analyse de la guerre et sur des témoignages d'Américains vivant ou passant à Montréal, Dessaulles identifie l'esclavage comme la vraie « cause des luttes intestines de l'Union » (n° 96 : 17). Pour ce démocrate, « le cancer vénéneux de l'esclavage » est « la plus anti-sociale et la plus anti-chrétienne » des institutions, et l'esclavage qui est « la possession de l'homme par l'homme » s'avère « la plus emphatique négation de tous les droits » (n° 96 : 6-11). Avec une profusion quasi obsessionnelle de détails, de preuves et de témoignages, Dessaulles explique les effets pratiques de l'esclavage sur la société américaine, ne manquant pas de souligner la collusion d'une certaine église et d'une certaine aristocratie sudistes.

Davantage que l'actualité de l'Europe ou des États-Unis, l'actualité canadienne accapare l'attention des conférenciers (Tableau

VII). Sur un quart de siècle, trois aspects principaux définissent cette actualité : les générations de jeunes filles et de jeunes gens au début du phénomène des conférences publiques ; des questions politiques de 1850 à 1871 ; et enfin la défense même de l'Institut Canadien à partir de 1867.

Le juge Mondelet se fait le porte-parole d'une génération libérale déjà âgée qui s'inquiète des insuffisances de l'instruction publique, de la formation des collèges et de l'encombrement de certaines professions. Cet « indépendant de caractère » (n° 22) qui égratigne le clergé dans quelques expressions incisives — « l'étroit sentier battu » des collèges, « s'assécher l'intellect à comprendre des inutilités » — fait entendre sa voix de républicain, de démocrate soucieux de compléter le suffrage universel par l'instruction universelle :

> [Les jeunes gens] verront qu'à une époque qui est moins éloignée peut-être qu'on le pense généralement, il s'opérera chez les masses, comme il se fait chez l'individu, de prodigieuses révolutions morales ; ils comprendront qu'à mesure que l'éducation étendra son irrésistible puissance et que l'opinion s'éclairera, la force du peuple s'accroîtra gigantesquement. (n° 12)

Plus tôt, ce juge original avait entretenu son auditoire d'une autre question sociale : « la position de la femme en Canada », que les *Mélanges religieux* avait critiquée vigoureusement. Plaidant pour lier le sort de la Canadienne aux destinées du pays et pour adapter « sa position » à la position nouvelle de la société, avec çà et là des suggestions réformistes, l'honorable juge privilégiait néanmoins « l'éducation du cœur » et partageait la vision de l'époque. Imaginera-t-on les rires ou sourires — c'est selon — à l'entendre parler de femme « qui ne sait ni balayer, ni épousseter, ni coudre, ni raccommoder, et qui vous parle d'astronomie dans le temps où la soupe prend au fond du chaudron[9] » ?

L'importance du thème de l'actualité canadienne indique, tout compte fait, une politisation de la conférence publique à l'Institut Canadien, malgré le vœu pieux d'une constitution de l'association qui prohibait les sujets religieux et politiques. Si les conférences deviennent de plus en plus idéologiquement militantes avec celles de Louis-Antoine Dessaulles sur « Galilée » (n°56) le 14 mars 1856 et sur « le progrès » (n° 68) le 22 février 1858, c'est le même Dessaulles qui inaugure en 1850 par *Six lectures sur l'annexion du Canada aux États-Unis* une série de conférences politiques qui allaient aussi porter sur l'avant- et l'après-Confédération. Les contemporains ne s'étonnèrent vraisemblablement pas d'entendre Dessaulles parler d'annexion, à la tribune de l'Institut, après l'avoir vu deux ans plus tôt, dans *L'Avenir*, demander l'abrogation du régime de l'Union. La conférence politique à l'Institut n'est certes pas partisane ou batailleuse ; mais au-delà d'un certain seuil, le libéralisme devait être promu ou défendu dans ses applications civiques.

Dans six conférences publiées en un volume de 200 pages que le préfacier Joseph Doutre n'hésitait pas à présenter comme « complément à l'œuvre de M. de Tocqueville » et où l'érudition documentaire le disputait à la détermination de persuader, Dessaulles prenait acte du fait que la fin du protectionnisme britannique sonnait « l'heure de la réparation » (n° 26 : 58). Logique avec sa dénonciation du régime de l'Union, le conférencier de Saint-Hyacinthe accumulait les chiffres pour dénoncer les résultats déplorables du régime colonial qui « nous coûte, au point de vue gouvernemental, le double de ce que l'indépendance nous coûtera » (n°26 : 114). Dessaulles qui avait ouvert sa première conférence en rappelant « que la souveraineté, soit individuelle soit collective, était inaliénable » (n° 26 : 14) présenta habilement son plaidoyer en faveur, non pas de la réciprocité, mais de l'annexion du Canada, c'est-à-dire du Bas-Canada, aux États-Unis :

> Plusieurs d'entre vous, Messieurs, ont déjà voyagé à l'étranger, et ont dû par conséquent répondre à cette question: « De quel pays êtes-vous, Monsieur», question sacramentelle entre voyageurs.
>
> Eh bien, je le demande à ceux-là: ont-ils jamais ressenti

beaucoup de plaisir, beaucoup de satisfaction personnelle, en répondant « je suis Canadien » ? Leur a-t-il semblé, s'ils avaient à satisfaire la curiosité d'un Anglais, ou celle d'un Français, ou celle d'un Américain, que comme une fraction d'une nationalité, ils pussent se croire sur le même pied qu'eux ? (n° 26 : 44)

La suite des conférences était un vade-mecum de données et de renseignements sur une situation politique, industrielle et financière des États-Unis susceptible de convaincre l'auditoire de l'opportunité de rompre le lien colonial avec l'Angleterre pour s'annexer à la Grande République. Mais l'annexionnisme, on le sait, n'eut même pas le succès de la campagne anti-Union ; c'est peu dire.

En 1863 et 1864, Arthur Buies, étoile montante au firmament libéral, fait deux conférences à l'Institut, dont on n'a malheureusement pas le texte. Il traite d'abord de « La situation politique du Canada » (n° 85), puis aborde plus tard les aspects politiques, sociaux et philosophiques de la Confédération (n° 93) dont on discute alors abondamment. Tout porte à penser que ce libéral, qui s'était enrôlé dans les troupes de Garibaldi, promouvait le principe des nationalités et s'opposait au projet de confédération. Les auditeurs de Gonzalve Doutre qui monte à la tribune deux mois plus tard, durent reconnaître Buies dans l'allusion du conférencier : « Mon jeune prédécesseur à cette tribune [...]. est venu vous parler de la nationalité canadienne-française, en termes qui m'obligent à prendre la plume pour le réfuter et pour le replacer sur le terrain de l'humanité, qu'il a mis un peu de côté ». (n°94 : 35)

On a déjà évoqué cette importante conférence de Doutre sur « Le Principe des nationalités » (n° 94) qui récusait la nationalité définie par la langue, la religion, le sang ou la couleur, la caractérisant plutôt par « l'intérêt bien entendu qui lie tous les habitants d'un même pays » (n° 94 : 45). Dans cette conférence, Doutre se faisait le porte-parole de ceux qui, parmi les libéraux, plaçaient le libéralisme au-dessus du nationalisme, en particulier au moment où les forces conservatrices de la politique et de l'Église cherchaient à s'annexer ce nationalisme incarné — au plus haut degré — par le catholique francophone rural. Doutre se faisait fort de dénoncer « messieurs les séparatistes nationaux ». Buies n'en garda pas moins sa position comme en témoigne sa conférence prescriptive du 2 mai 1871, « Ce qui est et ce qu'il faut », la dernière conférence publique prononcée devant l'Institut Canadien, alors qu'il était déjà condamné par Rome depuis deux ans.

Après la défaite des libéraux aux élections de 1867, la conférence de Buies reprend le schéma des conférences de Dessaulles en l'adaptant : après s'être opposé à la Confédération, Buies en demande l'abrogation tout en privilégiant, à nouveau, l'annexion aux États-Unis. Cette « logique du désespoir » à laquelle l'historien Jean-Paul Bernard avait identifié l'annexionnisme de 1849, se répétait en 1871.

Buies, qui parlait d'une « prospérité qui est l'indépendance sous toutes ses formes », affirmait : « La Grande-Bretagne n'a plus ni armes, ni soldats, ni organisation militaire, ni défenses ; elle assiste immobile aux bouleversements du monde, ses traités qui ont coûté tant de sang et de trésors, lui sont jetés à la face tout déchirés. » Élevant la voix, il prédisait que le Canada français ne pourrait rien entreprendre avec les États-Unis « tant que nous resterons colonies ». À ses auditeurs, le conférencier affirmait que la question était « de savoir si nous devons rester pauvres avec la Grande-Bretagne ou devenir riches avec les États-Unis, si nous devons continuer à voir, tous les ans, sept à huit mille bras aller chercher au-delà de la frontière l'ouvrage qui leur manque ici... » Buies alignait des chiffres pour détruire « toute la jactance royale et tout le charlatanisme glorieux avec lequel on a fondé la Confédération, cette grande chose qui nous a fait si petits ». Pour le conférencier, le Canada ne pouvait échapper à « la gravitation naturelle » des États-Unis :

> L'annexion n'est pas seulement un fait commercial et politique, elle est avant tout un fait géographique et physique. Nous sommes annexés déjà par nos rivières, nos lois et nos

chemins de fer [...]. Nous sommes américains déjà par nos
mœurs [...]

Il faut que nous soyons avant tout américains si nous voulons
vivre sur ce continent, et nous ne serons réellement Américains qu'en nous incorporant à la grande république.
(n°110)

Après Parent et Dorion, Buies prescrivait cette « instruction
spéciale, nécessaire à la fondation, à la direction des industries » ; ce
faisant, il tenait un discours que de plus jeunes contemporains —
De Nevers, Bouchette — allaient reprendre avec plus d'insistance.

Mais à vrai dire, au moment où Buies faisait sa conférence,
l'Institut Canadien n'offrait plus depuis quatre ans que des conférences publiques *pro domo*, des défenses et illustrations de ses
objectifs. La série de ces conférences répliques avait débuté à
la fin de 1862 avec un « Discours sur l'Institut Canadien » de
L.-A. Dessaulles, qui était alors rédacteur en chef du *Pays* depuis
mars 1861, année de la visite du prince Napoléon à Montréal et à
l'Institut Canadien. En février et mars 1862, l'évêque de Montréal,
Mgr Bourget, avait secrètement expédié sept lettres aux directeurs
du *Pays* pour dénoncer la couverture que le journal avait faite des
luttes des libéraux italiens pour l'unité nationale. Au même moment, Hector Fabre, démissionnaire de l'Institut Canadien en 1858,
écrivait dans *L'Ordre* — de décembre 1861 à mars 1862 — un
historique des difficultés de l'Institut, qui appelait une réplique.
Dessaulles, alors président de l'Institut, fit son historique, plaçant sa
conférence à l'enseigne de la tolérance civile et religieuse, seule
capable de constituer la base d'une association. Il se livra à une
défense et illustration de la raison qui « avait davantage construit
que détruit ». Devant un auditoire sans doute curieux de la réplique, le conférencier affirmait que « toutes les vérités qui forment
aujourd'hui le fonds des connaissances et des croyances humaines
ne reposent en dernière analyse que sur *l'assentiment intérieur*
qui ne peut s'exercer qu'au moyen de la raison » (n°81 : 13). Digne
mais ferme comme un homme que l'injustice rend plus éloquent,
Dessaulles invectivait « tous ces petits St-Thomas en frac qui

infestent nos rues », martelant

> Que ce n'est pas en niant notre raison qu'ils peuvent nous donner une bien haute idée de la leur. Que ce n'est pas en nous contestant le droit de juger qu'ils peuvent nous faire admettre leur droit de nous juger : Que ce n'est pas en nous conseillant l'abdication de notre propre raison qu'ils peuvent nous persuader de la supériorité de la leur sur la nôtre :

> Que ce n'est pas en exprimant un mépris affecté [...] qu'ils peuvent nous convaincre de leur sagesse :

> Que ce n'est pas en nous calomniant qu'ils peuvent nous faire croire à leur sincérité d'intention :

> Que ce n'est pas enfin en faisant de la persécution morale acharnée contre nous [...] qu'ils peuvent nous convaincre de leur esprit de conciliation et de charité. (n° 81 : 13)

La soirée se termina après ce rappel d'une devise de l'Institut : « Travail et progrès ! Tolérance et liberté de pensée ! »

La mise en valeur des nouveaux locaux de l'Institut, tout comme la célébration des 23e et 24e anniversaires de l'association, justifièrent certes les déploiements des 17 décembre 1867 et 1868. Mais les dirigeants, les conférenciers et les auditeurs comprirent sans doute le sens des élections politico-religieuses de septembre 1867 qui marquèrent l'aube du triomphe conservateur, laïque et religieux, au moment où Dessaulles et l'abbé Joseph-Sabin Raymond polémiquaient à pleines pages de journaux sur la valeur de l'éducation des collèges-séminaires.

La qualité des soirées compensait d'ailleurs la quantité : entre 1867 et 1871, l'Institut Canadien n'offrit jamais plus de trois conférences publiques par année (Tableau V).

Le soir du 17 décembre 1867, rue Notre-Dame, le public fait silence, chacun et chacune se trouvant une chaise. On présente les conférenciers : l'Honorable Louis-Joseph Papineau et le pasteur John Cordner. Papineau fait son autobiographie intellectuelle et politique, énonce ses « convictions et [sa] foi politiques », se déclarant d'entrée de jeu pour le libre examen :

Ce n'est que par le libre examen que l'on peut acquérir des convictions assez fermes pour qu'elles deviennent, en matières importantes, une véritable foi très ardente, dont on veut la propagation et le triomphe à quelques risques et à quelques désagréments personnels qu'elle puisse nous exposer. (n° 101 : 25)

Papineau avoue avoir fait siennes « les bonnes doctrines politiques » de 1776 et de 1789, insistant sur son admiration pour la convention — « mot américain » — qui « examine si le corps politique est demeuré sain ». C'est à la lumière de ces principes qu'il refait l'histoire des huit régimes et des luttes parlementaires et constitutionnelles de 1759 à 1867, demeurant convaincu qu'il est de l'intérêt des établissements nouveaux en Amérique « de demander leur émancipation le plus tôt possible, et d'acquérir tous les avantages et tous les privilèges de nationalités nouvelles, tout à fait indépendantes de l'Europe » (n° 101 : 41). Réitérant sa « foi dans l'empire de la raison », Papineau concluait sur la tolérance, de la part de l'Institut aussi bien que des États-Unis, qui les poussait à accueillir toutes les races, toutes les croyances religieuses, toutes les opinions ; l'ex-tribun qui allait mourir quatre ans plus tard affirmait : « On doit y voir l'enseignement divin de la tolérance universelle et de la fraternité du genre humain » (n° 101 : 43).

Le pasteur Cordner, plus bref, parla en anglais de « l'hospitalité de l'esprit », variant ses métaphores sur le thème « stranger a danger ». Par son accueil, par sa bibliothèque, was explaining the Reverend, « L'Institut Canadien lutte pour une idée : c'est une institution-drapeau », celui de la tolérance, de l'hospitalité de l'esprit. Pouvait-il faire mieux que de citer saint Paul : « Où est l'esprit du Seigneur, là est la liberté » (2 Corinthiens III, 171) à des auditeurs qui écoutaient, à l'Institut, un pasteur protestant parlant anglais ?

Deux des trois conférences de 1868 réunissent à nouveau, le 17 décembre, un francophone et un anglophone qui partagent une même préoccupation : la tolérance. Parlant brièvement en anglais, le directeur du *New York Tribune*, Horace Greeley, déclara : « Pour l'homme véritablement libéral dans le siècle où nous vivons, il n'est plus qu'un pays : le monde ; une religion : l'amour ; un patriotisme : civiliser et faire du bien à la famille humaine » (n° 104 : 23).

Dessaulles qui disait entendre « chaque jour gronder dans notre atmosphère, les colères et quelquefois les tonnerres des amateurs de ténèbres » (n° 103 : 4) reconnaissait la montée du conservatisme : « Il faut bien le dire, l'intolérance enserre en quelque sorte tout notre système social » (n° 103 : 15). Faisant appel à « tous les hommes de *bonne volonté* à quelque nationalité ou à quelque culte qu'ils appartiennent » , Dessaulles proposa à son auditoire sa définition de la tolérance :

> La tolérance, c'est au fond, l'humilité, l'idée que les autres nous valent ; c'est aussi la justice, l'idée qu'ils ont des droits qu'il ne nous est pas permis de violer. (n° 103 : 5)

Faisant flèche de tout bois — « Aimez votre prochain » de l'Évangile, « J'aime la liberté, je l'aime trop quand elle me sert pour ne pas la supporter quand elle me gêne » de Mgr de Moulins ou « Donnez-la où vous êtes maîtres, afin qu'on vous la donne où vous ne l'êtes pas » du comte de Montalembert —, Dessaulles résumait ainsi à son public les griefs d'un Institut dont des membres avaient porté en appel la condamnation épiscopale de 1859 :

> Car enfin toute la question est là ! Une condamnation a été portée contre nous sans qu'on nous ait jamais offert l'occasion de présenter notre défense et d'exposer nos raisons. Une pareille condamnation est nulle en droit civil ; comment serait-elle juste et régulière en droit ecclésiastique ? (n° 103 : 18)

Non seulement l'appel ne fut pas entendu, mais une seconde condamnation, romaine cette fois, réprouvait l'*Annuaire de l'Institut Canadien pour 1868,* qui contenait précisément la dernière « lecture » de Dessaulles sur la tolérance, et mettait la publication à l'Index. La décision du tribunal de l'Inquisition — Ô ! prophétique conférence sur Galilée ! — était prise le 7 juillet 1869, publiée dans une circulaire du diocèse le 16 et lue aux prônes des églises du diocèse le 29 août. Le 18 novembre, l'affaire Guibord tonnait dans le ciel ultramontain de Montréal.

Ces événements allaient constituer le sujet des dernières conférences publiques de l'Institut Canadien, à l'exception de la dernière d'Arthur Buies. Conférences particulières, parfois convoquées par Dessaulles et non par l'Institut, et portant immanquablement sur les « affaires de l'Institut ».

L'infatigable Dessaulles défend d'abord la mémoire de Guibord, membre de l'Institut décédé, « excommunié », et auquel on refuse la sépulture dans le cimetière catholique. Le ton monte ; l'argumentation se fait çà et là de plus en plus technique et byzantine. L'irréductible libéral s'en prend aux « veuillotins » , aux « chroniques en violet » des « théologiens du *Nouveau Monde* » ultramontain. La confiance en l'honnêteté intellectuelle de l'évêque Bourget est atteinte, cet homme « chez qui l'obstination tient la place de la conviction raisonnée » (n° 105 : 38). Pour Dessaulles, il est évident qu'on « a juré d'écraser l'Institut ». « Vous voulez atteindre quelqu'un » ; puis : « Ce n'est pas le mort que vous voulez atteindre ici, ce sont les vivants » ; « vous voulez frapper l'imagination populaire ». La charge est suivie de l'indignation — on a enterré « d'honorables assassins au cimetière » —, du dépit, puis de la sérénité : Dessaulles conclut à propos de cette affaire de sépulture qui met en cause une question centrale de l'ultramontanisme, celle de la relation entre le droit *civil* et le droit *religieux* :

> Si l'État doit être l'humble serviteur du pouvoir ecclésiastique et ne peut mettre un frein à sa soif perpétuelle d'omnipotence, mieux vaut le savoir tout de suite ; mais rien n'indique que nous courions ce danger.
>
> Au contraire je suis convaincu qu'il n'est pas possible que les hommes éclairés qui président à l'administration de la justice en ce pays, n'affirment pas ce principe fondamental de droit public : « Que l'Église est dans l'État, et non pas l'État dans l'Église. » (n° 105 : 50)

La conférence sur l'*Index* (n° 106) devait aussi passer par le plaidoyer érudit et truffé de références aux canonistes et théologiens. Digne, grave, inébranlable, Gonzalve Doutre allait refaire encore une fois l'histoire des dernières difficultés de l'Institut, narrant son voyage à Rome en décembre 1869 pour y plaider la cause de l'institution (n° 107).

La dernière conférence de Dessaulles est de fait une question de procédure administrative, car le correspondant de l'Institut avec le cardinal responsable de la congrégation de la Propagande à laquelle des membres de l'Institut s'étaient adressés tient à rendre compte de ses démarches épistolaires (n° 109).

Dorénavant, la presse libérale n'annoncerait plus de conférences publiques à l'Institut Canadien. *Le Pays* allait disparaître l'année même (1871) de la dernière conférence publique faite par Arthur Buies.

Joseph Doutre, Dessaulles et sans doute quelques membres irréductibles de l'Institut Canadien avaient connu ce long cycle d'un quart de siècle de conférences publiques : 128 conférences sur 110 sujets différents avaient occupé les « longues soirées d'hiver ». On s'était souvenu de la décennie de 1850 comme de l'âge d'or de la conférence publique à l'Institut. La presse — *L'Avenir* puis *Le Pays* — faisait alors vivre et survivre par l'écrit une parole qui risquait sans cesse de devenir silence. Les journalistes et les avocats étaient alors montés à la tribune, les ténors — Dessaulles, Parent, Mondelet, J. Doutre et Buies — et les conférenciers occasionnels se faisant gens de parole.

Au fil des semaines, les conférences publiques avaient contribué à faire comprendre les idées libérales en donnant un nouveau souffle au libéralisme de 1837 ; en révélant un libéralisme qui, sur le plan économique avec Parent ou Dorion, devenait libreéchangiste ; en complétant une volonté démocratique d'une aspiration républicaine dans la mesure où l'on y clamait que « l'éducation n'est que le corollaire de la souveraineté du peuple » et que « c'est par l'instruction [...] que tous les hommes qui naissent avec les mêmes droits peuvent demeurer égaux ». Les conférences publiques avaient illustré ce libéralisme de l'Institut Canadien favorable à une école qui sépare l'ordre religieux et l'ordre politique, favorable à un droit religieux encadré par le droit civil. Çà et là dans quelques conférences, on avait décelé que le libéralisme allait plus loin que la promotion de la souveraineté du peuple. Les conférenciers libéraux invitaient certes l'auditoire à regarder vers la France libérale, celle de 1789 et celle de 1848 ; ils l'invitaient aussi à regarder vers l'Amérique libérale, vers la Grande République qui avait — sans Terreur — fait sa Révolution mais qui devait alors relever le défi de l'abolition de l'esclavage. Aux yeux du public des conférences, le libéralisme de l'Institut Canadien prenait des allures internationales quand on évoquait les recours au principe des nationalités en Hongrie, en Pologne, en Irlande, en Belgique, en Italie. Là, rue Notre-Dame ou rue Saint-Vincent, on comprenait que la montée des nationalismes n'avait été possible que par la montée du libéralisme, que l'autodétermination avait deux versants, l'un individuel, l'autre collectif. Dans le Bas-Canada, c'est à l'Institut Canadien qu'on avait, de l'Union à la Confédération, tenté de conjuguer libéralisme et nationalité. Les conférenciers avaient là-dessus parlé librement. Certains — G. Doutre, C. Daoust, C. Laberge, P.-R. Lafrenaye —, saisis par le grand flux migratoire nord-américain, avaient magnifié contre les nationalistes cléricaux — les francophones *d'abord* catholiques — l'indistinction et avaient dû, dans ce combat contre une distinction confessionnelle, accentuer un libéralisme qui pouvait paraître abstrait dans son universalisme. D'autres — Papineau, Dessaulles, Buies —, militant plus près du principe des nationalités, se faisaient souverainistes, prêchant à court et à long terme une tolérance indéfectible.

Malgré les bonnes intentions du début, à l'Institut comme ailleurs, la conférence publique s'était politisée. Depuis la « lecture » de Dessaulles sur Galilée et d'autres sur le progrès jusqu'aux conférences *pro domo* de la fin, la conférence publique s'était trop polarisée pour demeurer attrayante, divertissante en même temps qu'instructive.

On avait fini par faire taire même la voix de la tolérance.

NOTES

1. « Esprit d'association, journalisme... », *L'Aurore des Canadas*, 5 mai, 14 juillet, 1er août 1843; *La Minerve*, 12 juin 1843.

2. Par exemple, *Procès-verbaux* de l'Institut Canadien de Montréal, Archives nationales du Québec à Montréal : 13 septembre, 11 et 18 octobre 1855; 29 octobre 1857 ; 6 octobre 1859 ; 25 septembre, 6 et 20 novembre 1862.

3. *Procès-verbaux* de l'Institut Canadien, 4 et 11 décembre 1862, et 11 et 13 février 1864.

4. Philippe Sylvain. « Libéralisme et ultramontanisme au Canada français : affrontement idéologique et doctrinal (1840-1865) », dans W.L. Morton (dir.). *The Shield of Achilles/Le bouclier d'Achille*. Toronto, McLelland and Stewart, 1968, p. 128.

5. Sont journalistes au moment de leur(s) conférence(s) : E. Parent, L.-A. Dessaulles, J. Doutre, C. Daoust, P. Arpin, N. Cyr, J.-B. Desplace, C. Marle, L.-M. Darveau, A. Buies, L. Cortambert, A. Tacchella, H. Greeley.

6. Les avocats A.-N. Morin, P.-J.-O. Chauveau, L.-V. Sicotte, L.-J.L. Loranger, C. Laberge, P.-R. Lafrenaye, L. Ricard, Max. Bibaud, J. Doutre, H. Fabre, C. Daoust, G. Doutre, le juge C. Mondelet, le notaire A. Delisle; l'étudiant en droit M. Lanctôt.

7. Dessaulles : nos 26, 56, 60, 68, 81, 96, 103, 105, 106, 109; Mondelet : nos 4, 9, 12, 22, 23; J. Doutre : nos 27, 32, 41, 47, 48; Buies : nos 82, 85, 93, 95, 110; Parent : nos 3, 5, 8, 13, 21.

8. Pierre Savard. « La Presse québécoise et la guerre de Sécession », *Mosaique québécoise*. Québec, Société historique de Québec (Cahiers d'histoire n° 13), 1961, p. 112-128.

9. *Mélanges religieux*, 11 janvier 1848; texte repris avec réplique dans *L'Avenir* du 15, p. 66.

CHAPITRE II

LES ESSAIS

« ... les essais habituaient à la composition, formaient le style, épuraient le goût et promettaient à la presse de nouvelles recrues, aux sciences et à l'histoire de dignes interprètes. »

Charles Daoust, « L'Institut Canadien et la conservation de notre nationalité », conférence publique, 17 décembre 1853, dans *Le Pays*, 27 et 29 décembre 1853.

Les termes que Charles Daoust utilise pour caractériser l'essai — habituer à former, épurer, promettre des recrues, — annoncent un autre univers que celui de la conférence publique. Littéralement, l'Institut Canadien fut aussi un banc d'essai, un lieu offert à ceux qui s'essayaient à l'écriture, à l'expression.

Avec l'essai, on pénètre dans la vie même de l'Institut, dans une activité typique d'une séance régulière de l'association. L'ordre du jour de la séance du 9 février 1860 est exemplaire : lecture du procès-verbal de la séance du 2 « courant », lecture de l'essai de Gonzalve Doutre sur les romans et les romanciers, discussion du jour sur la conduite des autorités américaines dans l'affaire du Harper's Ferry, inscription du sujet de l'essai pour la séance du 22 mars — Philippe Vandal sur l'esclavage —, choix d'un sujet de discussion pour la même séance et inscription des intervenants — « Le projet de M. Galt est-il de nature à faire sortir le pays de ses difficultés financières ? » — pour le non : P.A. Fauteux, Pierre Doutre et Gonzalve Doutre, pour le oui : Léon Doutre, lecture du rapport du bibliothécaire et du trésorier, admission de membres, avis de motion, levée de la séance.

L'essai est donc une conférence *privée,* une présentation faite par un membre en règle de l'Institut à l'intention des seuls membres, et ce à l'occasion d'une « séance ordinaire » de l'association.

Les procès-verbaux utilisent le plus souvent le terme d'essai ; mais la presse parle parfois de causerie, de discours, et la *Revue canadienne* qui en publie quelques-uns les présente comme des « articles lus » à l'Institut Canadien. Ce flottement dans l'appellation porte parfois à confusion, à la fois pour les contemporains et pour nous.

Durant un quart de siècle, 68 essais occupent une partie des séances de l'Institut (Annexe II). Le phénomène est plus marqué aux débuts de l'association : le tiers des essais (23) sont présentés de 1845 à 1848, dont dix la première année (1845) et onze en 1847. Il paraît d'ores et déjà quantitativement moins important que la conférence publique et les débats (Tableau V, à la fin du volume), et même si plus de la moitié (37) des essais sont présentés avant la condamnation épiscopale de 1859, il est clair que le débat attire davantage les membres et que la conférence publique commence tôt à les tenter. Apparaissant à l'ordre du jour des séances ordinaires, l'essai a donc lieu le plus souvent le jeudi, jour de réunion statutaire de l'Institut. Les essais occupent à leur façon les soirées d'hiver des membres, puisqu'ils sont surtout présentés pendant cette saison — en décembre et en mars principalement.

En s'adressant à « Monsieur le Président, Messieurs », l'essayiste circonscrit du coup l'auditoire. Une soixantaine de personnes constitua, selon le Rapport annuel de 1851, l'assistance *moyenne* des cinquante séances tenues cette année-là à l'Institut. On peut penser, avec vraisemblance, que l'auditoire fluctua selon le membership et aussi selon le contenu plus ou moins litigieux des rapports et des motions.

Les essayistes

Les quelque quarante essayistes qui présentent leurs travaux de 1845 à 1871 sont d'abord et avant tout des « jeunes gens » : ils ont en moyenne 24 ans, alors que l'âge moyen des conférenciers était de 38 ans. Les trois quarts de ces essayistes ont entre 16 et 29 ans au moment où ils s'adressent à leurs collègues : Gonzalve Doutre n'a que 16 ans à son premier essai, Charles Laberge et Hector Fabre, 17 ans, Antoine Gérin-Lajoie, 21 ans. Laberge personnifie bien la génération montante de 1840, G. Doutre celle de 1860.

Ce sont des jeunes et, sauf quelques exceptions, des Canadiens français. Deux d'entre eux portent des patronymes anglais : George Batchelor (n° 19 de l'Annexe II) et George Henry Macaulay (n° 42) ; quatre essais sont aussi présentés par des Français d'origine : Henri-Émile Chevalier (n°s 33, 38, 40) et Firmin Prud'homme (n° 49).

La jeunesse de ces essayistes canadiens-français explique aussi les fonctions pour lesquelles ils sont élus à l'Institut : cinq sont secrétaires-archivistes, quatre sont trésoriers et quatre sont secrétaires-correspondants, tâches aussi nécessaires que discrètes. Mais cette participation aux tâches de régie n'est pas la règle des essayistes ; c'est le cas pour le tiers seulement d'entre eux.

Leur jeune âge se révèle enfin par leurs professions : vingt essais sont faits par des étudiants en droit. Dix autres par des avocats — souvent des étudiants admis au barreau —, sept par des médecins et cinq par des journalistes. À nouveau les gens de parole trouvent dans l'essai, à l'Institut Canadien, un « champ d'exercice ».

Tel est aussi le profil professionnel des quatre essayistes les plus actifs à l'Institut (Tableau VI) qui y présentent le tiers des essais : Gonzalve Doutre avec dix textes dont quatre avant son admission au barreau ; Antoine Gérin-Lajoie est étudiant en droit lorsqu'il prend la parole à quatre occasions ; Charles Laberge, étudiant en droit et « rédacteur » à L'Avenir, intervient quatre fois tandis que H.-É. Chevalier, journaliste, se présente à trois reprises devant ses collègues de l'Institut.

On constate donc, chez les essayistes, une prédominance des « gens de parole », qui se révèlent aussi gens d'initiative puisque l'essayiste G. Doutre est deux fois président, deux fois secrétaire-archiviste, une fois trésorier ; A. Gérin-Lajoie est une fois secrétaire-archiviste, une fois secrétaire-correspondant.

Les essais

On publie moins souvent les textes des essais que ceux des conférences, plus prestigieuses. Dix-huit essais seulement sur 68 sont publiés dans les douze mois suivant leur présentation et le texte en est manifestement toujours plus bref que celui de la conférence publique. Les journaux qui les publient annoncent et rapportent surtout les essais. Les non-membres de l'Institut Canadien ont donc pu en lire dans *L'Avenir* (2) et dans *Le Pays* (3), dans le *Moniteur Canadien* et *L'Aurore des Canadas* (1). Mais ce furent la *Revue Canadienne* (6) et *La Minerve* (6) qui publièrent les essayistes tout au début, appuyant ainsi la jeune génération et certains auteurs talentueux dont Charles Laberge et Antoine Gérin-Lajoie qui virent chacun trois de leurs textes publiés (Annexe II). Trois autres textes furent rendus publics, sortant ainsi de l'enceinte de l'Institut : l'essai de G.-H. Macaulay sur *Le Passé, le présent et l'avenir du Canada* (n° 42) publié en brochure, celui de Joseph Doutre sur « Les chartes du Canada avant la Cession » (n° 60) inséré dans l'*Annuaire de l'Institut Canadien pour 1867,* et enfin celui, remarquable, de James Huston, « De la position et des besoins de la jeunesse canadienne-française » (n° 15) que l'auteur inclut dans son *Répertoire national* en 1850.

À quelques exceptions près, les thèmes abordés sont les mêmes que ceux des conférenciers (Tableau VII). Si le public montréalais entendit les conférenciers de l'Institut parler de littérature française plus souvent, les membres de l'Institut écoutèrent plus d'essais sur les sciences, et sur la médecine en particulier.

À nouveau se dessinent deux grandes constellations intellectuelles : d'une part, la promotion de l'esprit d'association et de l'instruction pour la jeunesse de 1840, la valorisation des libertés et de la démocratie, l'attention enfin aux problèmes politiques de l'économie avec, à l'occasion, l'appel au nationalisme ; d'autre part, une évidente attention aux problèmes contemporains en France, aux États-Unis et au Canada, à la différence toutefois que ce furent les conférenciers et eux seuls qui intervinrent après 1865 sur les difficultés de l'Institut Canadien.

Le jeune homme que le président de l'Institut invite à monter sur l'estrade l'avait, certes, déjà fait aux exercices de fin d'année du Collège de Montréal. Il avait parfois déjà pris la parole à l'Académie du Séminaire de Saint-Hyacinthe, si ce n'est à celle du Séminaire de Nicolet. Mais, cette fois, il s'agissait d'un « autre théâtre », d'une « autre scène » qui relativisait les prétentions du jeune Pierre Blanchet, par exemple :

> En vous entretenant, pour le quart d'heure, des biens des jésuites, je ne viens pas vous faire un vain étalage d'érudition, ni flatter vos oreilles par la beauté et les fleurs du style, ni essayer de faire ce qu'on appelle de la littérature, choses auxquelles je ne pourrais prétendre quand même je le voudrais... (n° 28)

Se faisant l'éloquent biographe d'un orateur, Antoine Gérin-Lajoie rappelle à ces jeunes sans lieu de parole le pouvoir des mots :

> Cette phalange formidable et puissante, qui combattait, avec les armes de l'éloquence et de la raison, les mesures parfois arbitraires de ceux dont le but avoué était l'abaissement ou l'extinction de notre race ! (n° 13 : 361)

Ceux-là qui commençaient précisément à pouvoir parler se souciaient de multiplier les lieux de parole :

> Et qu'avons-nous qui puisse aider le jeune homme qui se sent quelque talent pour la parole ? Où peut-il recevoir des leçons d'éloquence ? — Les théâtres ne peuvent vivre parmi nous ; et où sont nos chaires et nos tribunes publiques ? (n° 13 : 360)

Avec encore plus d'ardeur que les conférenciers, les jeunes essayistes déplorent « le peu de relations qui existaient entre les membres de la jeunesse canadienne », le manque d'UNION, mot passe-partout et complexe de ce quart de siècle. L'association, l'entraide mutuelle, le libre-échange intellectuel représentent pour eux aussi la planche de salut. Charles Laberge trace un programme à ses auditeurs et collègues :

Mais nous remédierons autant que possible à cette malheu-
reuse privation. Nous mettrons en commun toutes les petites
portions de science que chacun possède. Nous échangerons
mutuellement nos connaissances, nos pensées, nos conseils,
nos sentiments. (n° 4 : 132)

Véritable inspirateur — il signe ses essais publiés avec la
mention « M.I.C. » — en ces premiers mois de l'Institut, Charles
Laberge prend aussi prétexte de la devise de l'association
— « Travail et Concorde, *Altius Tendimus* » — pour faire appel
à la générosité des membres : « Soyons désintéressés comme des
jeunes gens ; l'âge du calcul et de l'ambition viendra bien assez
tôt. » Il fait appel à l'échange : « Mais ne gardons pas nos connaissances pour nous seuls : petites ou grandes, pourvu qu'elles soient
bonnes, mettons-les dans le trésor commun. C'est notre intérêt
propre : nous instruirons les autres et les autres nous
instruiront. » Devançant la devise de la ville de Montréal, Laberge
présente l'union, la concorde comme un gage de salut, *Concordia
salus* ; mais cette union signifie aussi « la lutte de l'enfant du sol
contre l'étranger » (n° 9 : 127-128).

À sa façon, le jeune Gérin-Lajoie concrétise cet esprit d'association en proposant la création de bibliothèques publiques,
véritables lieux du libre-échange culturel, d'une richesse intellectuelle qui rapporte dividendes : un livre pour tous, pour plusieurs
(n° 14). Au premier essai présenté à l'Institut, Gérin-Lajoie montre,
d'une façon un peu scolaire, l'utilité des lettres pour la liberté : elles
ont permis une « science du Gouvernement » et contribué à l'abolition de l'esclavage (n° 1).

L'esprit d'association qui fait appel à la liberté d'association, à
une volonté démocratique de mise en commun, conduit aussi à
une pratique de la démocratie. L'Institut Canadien tenta d'incarner
cette vie associative démocratique qu'un essayiste comme Pierre
Blanchet proposait d'élargir aux institutions municipales. S'inspirant de Tocqueville dans son célèbre *De la démocratie en Amérique*, le « citoyen » Blanchet entreprenait une critique du système
municipal du Canada-Est, proposant que « le peuple » choisisse ses

maires et fonctionnaires, considérant qu'il n'y a « rien de plus propre à avancer l'éducation politique et civile du Canada » qu'un bon
système municipal. « Apprendre à gouverner les grandes et les
petites choses » (n° 6), de l'Institut au Canada-Est en passant par la
ville ou le village, telle était la perspective démocratique que des
essayistes proposaient à leur milieu.

Les auteurs encore en formation semblent avoir laissé aux
conférenciers la promotion soutenue de l'instruction populaire et la
critique du collège classique. Joseph Papin, porte-parole des
Rouges avancés à propos d'éducation, aborde la question (n° 32)
deux ans après la fameuse « convention » sur les réformes de l'éducation organisée par l'Institut Canadien. Rendant compte brièvement de l'essai de Gonzalve Doutre intitulé « De l'encombrement
des professions et de l'urgence de créer de nouvelles carrières »
(n° 50), *Le Pays* du 6 février 1862 écrit :

> L'auteur signale avec raison l'étude des langues mortes
> comme propres à dégoûter la jeunesse des rudes carrières de
> l'industrie, en nourrissant son espoir de fictions qui ne se
> retrouvent plus dans la réalité.

La jeunesse qui se lève après l'échec des rébellions de 1837 et
de 1838 propose en fin de compte une seule et même solution aux
deux causes de son désarroi. Désemparés par les carences de
l'instruction et par le défi de la fin du protectionnisme britannique,
les jeunes essayistes de l'Institut comme leurs aînés, conférenciers,
conjuguent instruction et formation pratique, éducation et étude de
l'économie politique. Ils ont une conscience très vive de ces
« fictions » créées par les séminaires, de cette société à laquelle les
jeunes gens sont mal préparés et qu'ils regardent comme des
« hiéroglyphes ».

Entre eux, devant un public, essayistes et conférenciers de
l'Institut Canadien reviennent de façon significative sur les problèmes d'économie politique. Le jeune Paul-Richard Lafrenaye,
étudiant en droit et membre de la Société des Amis, qui sera un
membre typique et peu connu de l'Institut, aborde avant les

grandes conférences de Parent (nᵒˢ 5 et 8) la question populaire, sociale, de l'économie politique : le travail. Citant Eugène Sue familier des abonnés de la bibliothèque de l'Institut, Lafrenaye évoque « l'organisation du travail, question brûlante qui bientôt dominera toutes les autres, parce que, pour les masses, c'est une question de vie ou de mort » ; pour éveiller ses collègues aux problèmes du prolétaire, de « celui qui ne possède pas les instruments de travail », il ajoute :

> En effet, l'organisation du travail, le droit qu'a chaque homme de travailler pour se procurer le nécessaire, mérite la plus sérieuse attention... (nᵒ 2 : 61)

Gérin-Lajoie (nᵒ 11) et un certain « L.E.D. » — un Dorion ? — tentent en 1847 et en 1848 de sensibiliser leurs auditeurs au problème du commerce, un an après les « Corn Laws ». Commençant de façon typique par un historique du commerce en Angleterre, en France et aux États-Unis, « L.E.D. » posait devant ses confrères un diagnostic sur l'état économique et commercial du Canada tout en se déclarant un fervent partisan du « Free Trade » (nᵒ 22). Jean-Baptiste-Éric Dorion, un jeune marchand de dix-huit ans, pionnier du mouvement de colonisation, fait aussi un laborieux historique de l'agriculture depuis Adam et le déluge jusqu'à la situation anglaise ; il fait le diagnostic de l'état de l'agriculture au Canada et en prône l'étude, « seul art qui puisse assurer le bonheur et la prospérité » (nᵒ 5). L'auditoire de l'Institut Canadien dut trouver Louis Labrèche-Viger plus pratique dans son essai du 21 janvier 1847, « L'agriculture considérée comme moyen de conserver notre nationalité » (nᵒ 12), rappel explicite de la première conférence de Parent faite à l'Institut un an auparavant. Ce moyen de conserver la nationalité, c'est de « conserver la propriété foncière » et de favoriser l'étude de « l'économie rurale ».

Éducation politique, politique d'éducation, économie politique, politique économique, tels sont les moyens tant de fois évoqués de conserver une nationalité dont on parle peu directement chez les essayistes (nᵒˢ 31, 38, 45) si ce n'est que l'Institut regroupe selon Charles Laberge des « sentinelles vigilantes » :

> Nous nous appliquerons particulièrement à cultiver ici
> l'amour de notre pays [...]. Oui, c'est dans nos rangs que la
> patrie viendra recruter les défenseurs de ce qu'elle a de plus
> sacré. (n° 4 : 132)

Enfin, deux des cinq essais sur l'histoire nationale renvoient
à 1837 : celui de Charles Laberge (n° 7), unique tentative mi-
fictionnelle mi-historique, et le texte d'Antoine Gérin-Lajoie sur
le juge Joseph Rémi Vallières de Saint-Réal, patriote suspendu de
ses fonctions en 1839 (n° 13).

Pour ces jeunes auteurs qui cherchent un sens à leur époque,
le passé et le présent se lisent de la même façon. Les essais présentés sur des questions d'actualité sont aussi nombreux (13) que
ceux qui portent sur l'histoire (12). L'histoire européenne d'avant
1789 intéresse peu ces jeunes libéraux (n° 17 et n° 67) ; ils jettent
plutôt leur dévolu sur des aspects de l'histoire immédiate :
l'expédition de Garibaldi en Sicile (n° 48), la réforme électorale en
Angleterre (n° 37) ou les suites du coup d'État du 2 décembre 1851
où la France, « effrayée par le fantôme du socialisme, vient de se
jeter dans les bras du despotisme impérial » (n° 29). Dans cet
essai « Sur l'avenir de la France », le jeune Hector Fabre
dénonce « l'usurpateur », évoquant ce « moment d'alarme et de
tristesse pour les cœurs républicains » :

> Avant le coup d'État il a détruit le suffrage universel ; il a
> laissé tomber sans secours la malheureuse et héroïque
> Hongrie ; il a tué la liberté de presse ; il a anéanti le droit de
> réunion ; il a trahi, insulté la république, qui lui avait rendu
> accessible le sol de son pays qui lui était auparavant fermé,
> et qui, faisant plus, l'avait nommé son premier citoyen en lui
> donnant le trône présidentiel ; il a entassé pendant trois ans
> trahison sur trahison, faute sur faute. (n° 29)

Il était clair pour ce jeune libéral qui allait modérer son libéralisme en 1858 lors du petit coup d'État de la scission à l'Institut
et débattre avec Dessaulles en 1862 sur l'histoire même de

l'institution, que « Royauté ou république [était] l'alternative laissée aux peuples ; tout ce qui essaie d'unir les deux, de les concilier dans une forme de gouvernement modéré, est impitoyablement broyé dans leur choc ».

Dans l'actualité continentale, tout comme pour les conférenciers, c'est la guerre civile aux États-Unis (n°s 47 et 54) qui sollicite l'attention des essayistes. Pour leur part, George Batchelor et D.P. Myrand entretiennent leurs camarades de l'Institut d'un parallèle entre Washington et Napoléon (n° 19) ou de l'origine des idées démocratiques (n° 25).

Mais cette jeunesse qui se lève aux réunions ordinaires de l'Institut pour dire sa vision du présent et de l'avenir se préoccupe d'abord de l'actualité canadienne. À nouveau, l'inactuel n'a de sens que rapporté à l'actuel. Malgré des essais historiques sur des aspects antérieurs à 1760 (n°s 8,60,66), les essais où se révèle la conscience historique de cette génération sont d'ores et déjà éloquents pour le présent sinon pour l'avenir. C'est le cas de textes sur 1837 (n°s 7,13), de l'essai de Pierre Blanchet sur « Les Biens des Jésuites en Canada » (n° 28) où le prolifique auteur et débatteur rappelle comment la saisie de biens susceptibles d'avoir été consacrés à l'instruction populaire a touché le Canada français « au cœur ». Le « citoyen Blanchet » argue devant les membres de l'Institut que ces biens appartiennent aux censitaires :

> Notre clergé réclame ces biens de par le droit divin, et le clergé protestant de par le droit du plus fort. Mais ces biens ne doivent appartenir exclusivement ni aux catholiques ni aux protestants. Ils sont la propriété du Bas-Canada, pour être appliqués aux fins de l'éducation en vertu d'un acte du Parlement. (n° 28)

Dans « Passé, présent et avenir du Canada » (n° 42), G.H. Macaulay rend évidents les liens de l'actuel et de l'inactuel. L'essayiste anglophone — son texte est traduit pour publication en brochure par Médéric Lanctôt — retrace et partage les vues des libéraux depuis 1834, dénonçant l'Union, les « jobbeurs officiels » de la corruption, la tyrannie ecclésiastique tout comme le fera aussi

G. Doutre à propos des dîmes (n° 43).

Même les essais sur la médecine et la technique ont ce coefficient d'actualité : épidémies (n° 24), hygiène (n°ˢ 27,35), magnétisme (n° 57), photographie (n° 23), aérostation (n° 34).

Mais cette jeunesse inquiète qui s'interroge sur les débouchés (n° 3) aura trouvé chez James Huston la voix aux accents exceptionnels. À l'apogée du genre, aux débuts de l'Institut Canadien, Huston vient «troubler pendant quelques minutes le sommeil léthargique des hommes qui président à nos destinées», utilisant un «langage qui n'aura rien de flatteur» pour secouer une société engourdie. L'indignation est totale. Le jeune essayiste rappelle l'histoire :

> On voulait détruire un peuple, il fallait donc frapper au cœur ; or le cœur du peuple, c'est la jeunesse. Dans le plan inique de nos maîtres, et pour triompher complètement, il devenait nécessaire d'ôter tout moyen de s'instruire aux jeunes Canadiens, de s'emparer des biens destinés à leur éducation pour en faire des casernes, pour y construire des églises protestantes ou pour récompenser ceux qui maltraitaient le plus effrontément la population canadienne. (n° 15 : 127)

Ses camarades écoutèrent sans doute avec enthousiasme cet essayiste formuler leurs aspirations à propos «De la position et des besoins de la jeunesse canadienne-française». Huston épinglait le «système d'exclusion» des Canadiens français par les gouvernements métropolitain et colonial, stigmatisait l'encombrement des professions, soulignait les carences du commerce —«manque d'une éducation spéciale, de capitaux et de relations à l'étranger»—, dénonçait la «routine du comptoir». Le diagnostic était sans bavure, provocant :

> On peut dire des hommes de notre temps ce que Chateaubriand a dit des hommes de la restauration, que dans une lutte misérable d'ambition vulgaire on a laissé le monde s'arranger sans guide. (n° 15 : 152)

La séance fut, ce soir-là, mémorable. Elle donnait, hier et

aujourd'hui, le ton d'une génération... à l'essai. À l'essai de l'expression, à l'essai de la publication dans quelques cas. Ces jeunes qui interpellent leurs camarades de l'Institut sont comme leurs aînés, conférenciers, des gens de droit, des gens de plaidoyer, des gens de parole. Ils s'exercent aujourd'hui à la barre de l'Institut, demain à celle du prétoire ou de la Chambre d'Assemblée. Ce sont les porte-parole d'une génération, de ses positions et de ses besoins. Cette génération qui se heurte au présent de l'après-1837 et de l'Union a inventé un discours du *primum vivere*, du présent qui est déjà leur avenir.

NOTE

1. Conférencier actif à l'Institut Canadien, Gonzalve Doutre fut aussi professeur de droit, un pilier de l'Institut des Lois où il prononce de nombreuses conférences; voir *Dictionnaire biographique du Canada*, X: 271-276.

CHAPITRE III

LES DÉBATS ET LE DÉCLIN
DU PHÉNOMÈNE

« Messieurs, si je me suis inscrit dans la négative à la question : la liberté de discussion est-elle incompatible avec la prudence, c'est que notre présence ici ce soir constitue une réponse à la question. » Léon Doutre fut bref. Narcisse Cyr, inscrit dans l'affirmative, conclut ainsi son argumentation : « À vous, messieurs, d'en décider : tout est dans la définition du mot prudence. » Puis le président de séance Joseph Duhamel invita la salle à voter. Pour le non : 61 voix ; pour le oui : 12 voix.

Réservés aussi aux seuls membres de l'Institut Canadien mais plus nombreux que les essais, les débats s'inscrivent dans la vie même de l'association.

Une semaine ou deux avant le débat, tel membre doit, au cours d'une réunion régulière de l'Institut, proposer un sujet de « discussion » — c'est le terme utilisé à l'époque. Après acceptation du sujet, des membres s'inscrivent pour le oui ou pour le non de la question, forme usuelle que prend le débat. Il est très rare qu'un sujet de débat soit refusé : à titre d'exemple, on a consigné au *Procès-verbal* du 22 octobre 1863 le refus du sujet proposé : « Quels seraient les moyens propres à aplanir les difficultés survenues entre l'Évêque de Montréal et l'Institut Canadien ? » On substitue plutôt à la discussion la création d'un comité *ad hoc*.

Le débat apparaît donc à l'ordre du jour d'une réunion ; le

président de séance annonce le sujet et l'ordre d'intervention des orateurs qui essaieront de convaincre une salle qui votera ensuite sur la question, scellant ainsi la performance du camp du oui ou du camp du non. Il arrive assez fréquemment qu'un sujet de discussion prévu pour telle date soit reporté, en raison d'affaires plus urgentes, parfois indéfiniment.

Plus improvisé que l'essai et la conférence publique, le débat connaît peu d'écho dans la presse. À vrai dire, seuls les journaux officieux de l'Institut, *L'Avenir* puis *Le Pays*, annoncent la tenue d'un débat, se limitant à en préciser le sujet et la date. Dans des cas exceptionnels, la presse rapporte le contenu de l'argumentation d'un débatteur. *Le Pays* du 18 juin 1856, par exemple, rend longuement compte des « considérations incomplètes et proposées à la hâte » de Joseph Doutre en réponse à la question débattue à la dernière réunion de l'Institut : « Les amendements proposés par l'ex-procureur général au bill des incorporations religieuses sont-ils nécessités par l'état de nos mœurs ? » C'est donc dire qu'il fallait être dans la salle, et qu'en conséquence nous ne pouvons connaître ce phénomène des débats que par le seul contenu des questions consignées dans les *Procès-verbaux* de l'Institut ou dans la presse.

Le débat est, parmi les activités rhétoriques de l'Institut, la plus fréquente : 213 questions sont débattues de 1847 à 1871, avec des sommets de 1854 à 1858 — alors que la moitié des débats (100 sur 213) ont lieu — et avec un maximum de 25 en 1858. Plus de la moitié des débats ont été menés avant la première condamnation de l'Institut en 1859. À la réunion du 6 décembre 1866, le Comité de discussion de l'Institut, habituellement peu actif, s'alarme avec raison : les membres n'ont tenu aucun débat cette année-là.

Le débat est, comme l'essai et la conférence publique, une activité hivernale : la moitié a lieu en quatre mois, de novembre à février. *Le Pays* du 19 février 1867 — au moment où le phénomène est en déclin — rapporte que de 60 à 70 membres assistèrent au débat sur la liberté de lecture pour la jeunesse. À son apogée, l'activité draina vraisemblablement un auditoire plus nombreux.

Tout comme pour les conférences publiques et les essais, ce

sont les thèmes d'actualité qui alimentent les débats, mais ici de façon remarquable : plus de la moitié ont trait à l'actualité (Tableau VII). Les sujets qu'on propose reflètent les préoccupations du moment. On discute donc moins de questions abstraites ou érudites ; et l'histoire, la littérature et les sciences intéressent singulièrement moins les débatteurs que les conférenciers ou les essayistes. Par contre, des questions religieuses d'actualité semblent susciter davantage leur intérêt, et la constellation de sujets portant sur la démocratie, l'instruction, l'économie et la nationalité a la même importance que dans les conférences publiques et les essais. Chose certaine, on discute de l'actualité, que ce soit une crise internationale, un projet de loi gouvernemental ou un scandale municipal. Si l'Institut Canadien de Montréal donne voix au chapitre à Jean-Baptiste Toutlemonde, c'est dans les débats sur des sujets plus familiers, plus concrets où la parole garde encore une certaine spontanéité.

Deux débats sur trois portant sur l'actualité concernent le Canada. Sur le plan politique, on argumente souvent pour ou contre le rappel de l'Union, pour ou contre la Confédération, pour, le suffrage universel ou pour le suffrage restreint. La question des droits politiques des femmes revient à cinq reprises entre 1867 et 1871 tout comme celle de la pertinence d'une milice canadienne. Sur le plan social, la tenure seigneuriale, abolie en 1854, suscite plus d'une discussion, relayée ensuite par le problème des soins à offrir aux pauvres. Au fil des semaines, on examine l'actualité montréalaise : d'abord et avant tout, la question du développement du port ; puis l'opportunité de réglementer l'observance du dimanche ou la prostitution. Autant de sujets sur lesquels des membres de l'Institut apportent à leurs concitoyens un éclairage quant aux principes d'action.

Les débats sur l'actualité internationale suivent la trame des événements ou indiquent la récurrence d'aspects fondamentaux de la vie politique en Europe et aux États-Unis dans la deuxième moitié du XIXe siècle. Des gens qui discutent du rappel de l'Union ou de l'indépendance du Canada délibèrent aussi sur la

métropole : « Est-il de l'intérêt de l'Angleterre de renoncer actuelle-
ment (1847) à ses colonies d'Amérique du Nord? » ; « Serait-il
avantageux pour les colonies d'être représentées au parlement
impérial? » ou plus généralement « La race anglo-saxonne ne pa-
raît-elle pas destinée à dominer le monde? » Après 1867, la question impériale a commencé à poindre.

Wilfrid Laurier, Gonzalve Doutre, Jean-Baptiste Couillard,
Alphonse Lusignan et Pierre Blanchet exposent en novembre 1864
leurs points de vue sur la cause principale de la Révolution de 1789.
Mais les intervenants s'intéressent aussi à la France à travers le
prisme de leurs préoccupations politiques: « La domination française en Algérie a-t-elle favorisé la civilisation algérienne? » ou
encore « La France est-elle justifiable d'être intervenue dans les
affaires de Rome en 1848? » La question italienne fascine autant les
débatteurs que les conférenciers et les libéraux en général. C'est
aussi le cas pour l'actualité américaine: la guerre civile monopolise
les débats vers 1861.

Démocratie et libertés, instruction publique, économie politique et nationalité forment une constellation de préoccupations qui
étaient aussi celles des conférenciers et des essayistes. Les
débatteurs donnent toutefois à ces thèmes une tournure particulière, plus en prise sur la quotidienneté.

Si l'on dispute de la compatibilité de la démocratie et du
christianisme, on discute aussi de la peine de mort et de la liberté
des lectures. On pose à propos de l'éducation la question de sa
sécularisation et de son caractère obligatoire, mais aussi celle de la
taxe volontaire ou forcée et de l'enseignement des sciences.

On inscrit à l'ordre du jour, à quelques occasions, la question
de savoir qui, du commerce, des lettres ou de la religion, a le plus
contribué à la civilisation. Mais parmi les 17 occasions où l'on
aborde l'économie ou l'économie politique, c'est le problème de
l'usure et des taux d'intérêt qui s'avère le plus récurrent.

Particuliers par l'importance des sujets d'actualité et le ton
concret qu'on leur confère, les débats le sont aussi, en regard des
conférences publiques et des essais, par la place qu'ils font à la
religion et au droit.

On avait mieux réussi à prohiber les conférences publiques portant sur des questions religieuses que celles qui portaient sur la politique. Le comité de régie de l'Institut paraît avoir été plus libéral dans l'acceptation des sujets de discussion. Les membres de l'Institut entendirent donc plaider le pour et le contre de sujets controversés : « L'établissement d'un grand nombre de communautés religieuses contribue-t-il à l'avancement d'un pays? » ; « La Corporation de Montréal devrait-elle imposer les édifices religieux ? » ; « L'intervention du clergé dans la politique rend-elle le peuple plus moral et plus religieux? » (1867) ; et la question centrale : « Dans les questions mixtes quelle doit être l'autorité dominante : l'État ou l'Église? »

De 1850 à 1871, on inscrit une quinzaine de sujets de droit, allant de l'opportunité de la création d'un tribunal qui recevrait les plaintes contre les officiers publics, à l'élection des juges. En 1871, symptomatiquement, on institue à la place d'un débat, deux procès : Edmond Lareau, H.B. Rainville, Amédée Forget et É. Desrosiers plaident le cas d'un « accusé poursuivi d'enlèvement de cadavre pour dissection ». Deux mois plus tard, nouvelle plaidoirie des mêmes auxquels se sont joints Aristide Piché, F. Rinfret et trois autres membres : « Un maître peut-il déléguer son droit de vie ou de mort à son domestique face à un intrus? »

Le manque de données biographiques empêche de faire un portrait de groupe de ces 83 débatteurs. L'analyse des dix plus actifs d'entre eux est toutefois révélatrice (Tableau VI). Dans une première génération, Pierre Blanchet fut le Dessaulles du débat à l'Institut Canadien, participant à 101 des 213 discussions. Gonzalve Doutre joua ce rôle pour la deuxième génération: de 1859 à 1871, il participe au quart (54) de la totalité des débats. L'âge connu pour sept de ces dix grands disputeurs est en moyenne de 22 ans et demi à leur première participation à une discussion, P. Blanchet haussant cette moyenne avec ses 35 ans. Ces jeunes orateurs sont aussi des plaideurs potentiels, à la barre ou à la rédaction: parmi les sept dont la profession nous est connue, l'un est libraire-imprimeur et six sont avocats, quatre d'entre eux ayant tâté du journalisme à un moment de leur carrière. Les membres de l'Institut notèrent sans doute aussi l'omniprésence parmi les débatteurs du clan des Doutre : Gonzalve participe à 54 débats, Pierre à 23, Joseph à 22 et Léon à 10.

Ces jeunes membres de l'Institut ont donc reçu une éducation classique et juridique. Formés à l'éloquence en rhétorique, frottés aux *disputationes philosophicae*, ils ont voulu faire profession d'argumenter, de défendre, de plaider. Ils sont donc parfaitement à l'aise dans ces débats pour se faire les avocats de quelque cause ou sujet que ce soit. Si ce n'est pas au Palais, c'est à la salle de rédaction qu'on invective, exhorte, réplique par écrit. À nouveau, les débatteurs les plus actifs sont gens de parole en pays de controverse et de polémique.

Le débat fut donc l'activité de parole la plus fréquente à l'Institut Canadien de Montréal pendant un quart de siècle. Non seulement l'activité s'inscrivait dans le quotidien de l'Institut, mais elle installa aussi le libéralisme dans la vie courante des membres. Liberté de parole, parole de liberté.

En convergence avec la thématique de la conférence publique et de l'essai, la discussion accentua néanmoins la trame rhétorique de l'Institut : l'actualité s'y avère omniprésente en même temps qu'elle est abordée sous ses aspects les plus concrets, les plus quotidiens. Si la discussion suit la ligne idéologique de l'institution — rappel de l'Union, abolition du régime seigneurial, libéralisme français et italien —, elle explore de façon inédite certaines questions, celles des droits politiques des femmes, de la vie municipale et de la place du religieux et du civil.

Davantage concret et populaire par sa thématique, le débat ne le fut pas pour autant quant à la participation : 213 discussions attirèrent 83 débatteurs alors que 128 conférences requièrent 62 conférenciers et que 68 essais furent présentés par 40 essayistes.

Les membres de l'Institut qui persistèrent dans leur adhésion à l'association virent donc se profiler au fil des ans un peloton de fervents de discussion — Blanchet, Médéric Lanctôt, Gonzalve et les autres Doutre —, majoritairement gens de parole, s'adonnant à une activité demeurée totalement orale et imprégnée d'un vocabulaire juridique ou polémique. Ces débatteurs se firent les avocats de multiples causes, les plaideurs de nombreux sujets.

* * *

En mai 1871, la salle de conférences de l'Institut Canadien de Montréal se ferme et le silence se fait. Le 9 mars, Amédée Forget avait présenté le dernier des cinq essais de l'année sur « La coquetterie ». Après L.-A. Dessaulles le 13, Arthur Buies était monté à la tribune le 22 avril pour prononcer la dernière conférence publique : « Ce qui est et ce qu'il faut ». En mai, la dernière de dix discussions inscrites en 1871 a lieu : « La peine de mort doit-elle être abolie ? » Sujet de circonstance.

L'Institut modifie sa constitution en novembre 1872, abolissant la cotisation des membres — au nombre de 776 en 1871 — et rendant ainsi gratuit l'accès à sa bibliothèque qui devient dès lors « publique ». Quelque 6000 volumes sont annuellement empruntés à la bibliothèque en 1877, 1878 et 1879, et la salle des journaux reçoit encore plus de cinquante titres. Cette activité masque toutefois une inquiétante situation financière. À la disparition des revenus provenant du membership s'ajoutent les déboursés pour porter l'affaire Guibord devant toutes les instances de cour et pour assurer ses funérailles — enfin — en 1877. Mais surtout la longue crise économique de 1873 à 1879 frappe de plein fouet l'Institut après avoir ruiné Dessaulles : on doit emprunter pour payer non pas le capital mais les intérêts de la dette, car les revenus de location des magasins du rez-de-chaussée faite à moitié prix ne suffisent pas[1].

En 1880, la porte de l'Institut se ferme aussi pour les lecteurs et les usagers de la bibliothèque. Après quelques refus de ses collections par le Club Canadien, la ville de Montréal et l'Université McGill, la bibliothèque « honteuse » est enfin accueillie par l'anglo-protestant Fraser Institute qui ouvre en 1885. Entre temps, le prestigieux édifice de l'Institut a connu un destin révélateur. Madame Louis-Joseph Amédée Papineau — Mary Eleanor

Westcott — achète l'édifice en janvier 1881. La grande salle de conférences sert occasionnellement à la Société de secours mutuel des Français. En 1884, on y présente des spectacles de théâtre et de lutte. Puis s'y établissent en 1885 le Parlor Dime Museum et la salle de gymnastique et d'escrime de M. David Legault. En 1904, Adélard Lacasse y ouvre son Académie de danses modernes. La conférence publique, l'essai et le débat perdaient ainsi leur local d'élection. Le déclin de ces activités de parole s'explique ainsi par la régression du phénomène socioculturel qui les avait générées: l'association.

La polarisation idéologique des associations montréalaises avait manifestement joué contre leur viabilité en rétrécissant leur clientèle et la thématique de leurs conférences publiques et de leurs débats. Des associations créées pour faire échec à l'Institut Canadien, seule survivait l'Union catholique (1858-1915) des Jésuites. L'Œuvre des bons livres (1844-1857) des Sulpiciens, re-layée par le Cabinet de lecture paroissial (1857-1867), allait donner naissance au Cercle Ville-Marie (1884-1910) qui vivotait à l'ombre de l'Université Laval à Montréal; l'Institut des Artisans avait été créé en 1865 au moment même où l'on envisageait la fusion des asso-ciations catholiques.

Cette polarisation idéologique depuis 1848 était le versant plus intellectuel d'une polarisation politique et partisane qui avait culminé avec l'échec des Rouges après 1867 et l'affirmation, depuis le discours de Laurier en 1877, d'un libéralisme modéré, conciliable avec le catholicisme et électoralement rentable. La politique parti-sane avait d'ailleurs manifesté une nouvelle sociabilité associative avec la création de clubs politiques: le Club Canadien, le Club Saint-Denis, le Club Cartier en 1874 puis le Club National en 1879.

Dans *Le Pays* du 28 février 1861, L.-A. Dessaulles avait déjà établi le diagnostic:

> Les diverses causes qui ont détruit les germes féconds semés par l'Institut Canadien peuvent toutes se résumer par une seule, car elles se lient toutes à un tronc commun. De même que nous avons le Grand Tronc de chemin de fer pour dévorer nos ressources matérielles, de même nous

possédons le grand tronc de l'obscurantisme pour atrophier toutes nos ressources intellectuelles. Le premier pompe jusqu'à la moëlle notre corps financier et ne laisse bientôt plus que les os ; le second couvre d'un immense éteignoir la tête de la nation, pour l'empêcher de voir le soleil de son siècle.

Arthur Buies qui fut l'un de ces « libéraux en renom » de la deuxième génération évoquera dans ses *Réminiscences* cette triste perte de terrain du libéralisme :

> On voyait peu les anciens ; ils se montraient rarement à nos séances, excepté aux occasions solennelles et quand il fallait donner de notre institution une opinion considérable. Le fait est qu'une espèce de dégoût s'emparait de plus en plus des libéraux en renom, et que, voyant le terrain leur échapper davantage tous les jours, ils aimaient mieux se retirer que de se compromettre encore plus sur l'arène brûlante où la jeunesse seule pouvait impunément se risquer. Puis il y avait d'autres considérations ; on avait vieilli, on était père de famille [...], on avait des affaires, des soucis, des intérêts...

La grande crise économique avait aussi durement touché les affaires de l'Institut et de ses membres.

Les objectifs de départ s'étaient estompés : l'instruction publique remplaçait progressivement l'instruction mutuelle, la presse illustrée — *L'Opinion publique* (1870-1883) — ou la presse à grand tirage — *La Presse* à partir de 1884 - concurrençaient les « news rooms », les salles de périodiques. L'absence de bibliothèque francophone véritablement publique demeurait un problème chronique.

Et puis une concurrence culturelle de plus en plus forte permettait d'occuper les « longues soirées d'hiver » autrement que par l'assistance à une conférence publique ou à une soirée de telle ou telle association. La musique, qui avait ses périodiques en français à Montréal depuis la décennie de 1860, avait aussi des locaux prestigieux avec l'ouverture de l'Academy of Music en 1875. Des troupes francophones permanentes de théâtre se créèrent durant la décennie de 1880, assurant ainsi le public de saisons régulières. La scène concurrençait donc directement la tribune qui longtemps s'était présentée comme le théâtre de la société. Le sport professionnel émergeait lentement parmi les francophones qui s'étaient jusqu'alors contentés d'être spectateurs. Mais de toute façon, en 1863, Montréal pouvait compter sur trois patinoires couvertes et sur de nombreuses salles de billard. Dans sa conférence publique du 14 avril 1870 (n° 107), Gonzalve Doutre décrit bien le destin des associations en raillant les rivales de l'Institut :

> Les autres institutions rivales n'ont pas d'autre mode d'instruction que le billard, convaincues qu'elles sont de ne jamais être accusées d'avoir des doctrines pernicieuses en empochant des billes ou en multipliant les carambolages.

Six ans plus tard, Doutre avouait à l'évêque Fabre de Montréal : « La jeunesse instruite n'a plus comme autrefois des réunions publiques où les talents se développaient et permettaient de se faire apprécier [2] ».

Inaugurée vers 1845 et ayant connu son apogée au tournant de la décennie de 1860, la conférence publique déclina au cours des années 1870 sans disparaître pour autant. Dépossédée de son monopole, de ses lieux d'élection et de sa clientèle, elle se réfugia vers 1880 dans les institutions d'enseignement : à l'Université Laval à Québec comme à Montréal[3], au Cercle Ville-Marie (1884-1910) qui recrute ses conférenciers occasionnels au Séminaire de philosophie des Sulpiciens ou à la faculté de droit si ce n'est, à compter de 1890, parmi des frères prêcheurs qui viennent « prêcher le carême » à Notre-Dame[4]. La conférence publique perdure aussi, éclatée, en de multiples lieux : dans le milieu d'hommes d'affaires francophones[5] aussi bien qu'au Cercle littéraire de Chambly[6], à titre d'exemples. Grâce aux Sulpiciens qui reprennent du service culturel en fondant la Bibliothèque Saint-Sulpice en 1915, la conférence trouve un nouveau lieu public : l'Université Laval à Montréal, le Cercle Ville-Marie ressuscité, l'École des hautes études commerciales (1919-1932) et l'Association générale des étudiants de l'Université de Montréal dès 1929 y organisent des conférences publiques ou des débats[7]. Les esthètes du *Nigog* s'y essaient à leur tour en 1918. Puis, avant la radio qui lui donne un micro vers 1935, la conférence connaît encore de beaux jours à la Société d'études et de conférences depuis 1933 jusqu'à nos jours.

Les gens de parole la gardèrent donc longtemps.

NOTES

1. Y. Lamonde. « Les Archives de l'Institut Canadien de Montréal (1844-1900) : historique et inventaire», *Revue d'Histoire de l'Amérique française* 28, 1 (juin 1974) : 81-86.

2. Archives de la Chancellerie de l'Archevêché de Montréal, 1876, 574.000, 876-1.

3. Archives du Séminaire de Québec, fichier à « conférences ».

4. Marcel Lajeunesse. *Les Sulpiciens et la vie culturelle à Montréal au XIXᵉ siècle.* Montréal, Fides, 1982, p. 177-197, 238-248.

5. Fernande Roy. *Progrès, harmonie, liberté. Le libéralisme des milieux d'affaires francophones à Montréal au tournant du siècle.* Montréal, Boréal, 1988, p. 134, 152.

6. Jules-Siméon Lesage. *Conférence sur la littérature canadienne.* Québec, Léger Brousseau, 1901, 44 p.

7. Jean-René Lassonde. *La Bibliothèque Saint-Sulpice, 1910-1931.* Montréal, Bibliothèque nationale du Québec, 1986, p. 224, 227-229, 257, 259-264.

CONCLUSION

L'association volontaire et l'Institut Canadien de Montréal jouèrent pour le Québec du XIXe siècle le rôle de « *town meeting of the mind* » joué par le « lyceum » et « l'atheneum » aux États-Unis. Initiateur du mouvement, exemplaire et libéral, l'Institut Canadien incarna ces valeurs démocratiques que Tocqueville, dans *De la démocratie en Amérique*, assignait avec tant d'enthousiasme à l'association volontaire, creuset de la société civile. Rue Notre-Dame, on ne se contenta point d'admirer la Grande République et d'en analyser les réussites comme les défis ; on créa une forme de sociabilité urbaine à l'image de la culture continentale.

À cette dimension de l'Institut Canadien de Montréal doit s'ajouter aussi celle de la renaissance culturelle de Montréal. Après l'échec des insurrections de 1837 et de 1838, l'essor culturel de la ville est, à un double titre, identifiable à l'Institut Canadien. D'abord parce que la jeunesse y accourt et s'en fait un banc d'essai, le lieu d'expression des aspirations d'une génération. Ensuite parce que l'Institut Canadien est associé à deux moyens d'expression du XIXe siècle qu'il valorisera mieux que quiconque : la presse et la tribune. Décennies de l'essor de la presse d'opinion et de l'apogée de la conférence publique, les années 1840 et 1850 apparaissent dorénavant comme un moment de prise de parole, tant à la tribune que dans la presse.

L'Institut Canadien ne se limita point pour autant à ces deux libertés, celles de la parole et de la presse. Personnifiant par sa seule existence et surtout par son combat pour la survie la liberté d'association, l'Institut mena la lutte jusqu'à la liberté de conscience, admettant dans les rangs les catholiques et les protestants.

Cette culture des libertés s'inscrivait dans son époque: elle fut du coup la culture d'une économie politique. Non seulement le libre-échange économique convenait aux marchands et commis qui constituaient l'essentiel du membership de l'Institut, mais l'institution même associa le non-protectionnisme idéologique au non-protectionnisme économique, accola le libre-échange des idées au libre-échange des biens. Le savoir y fut un avoir, un avoir échangeable. Culture du libre-échange et culture des libertés furent les deux versants d'un même moment.

L'étude de la conférence publique, de l'essai et des débats à l'Institut Canadien complète encore davantage notre représentation de l'institution et du milieu libéral montréalais.

Membres, conférenciers, auditeurs, abonnés de la bibliothèque et de la salle des journaux concourent à faire de l'Institut l'affaire de plusieurs et non pas seulement de ses ténors. L'étude du membership — qui ne put, en raison des sources, être menée que sur le long terme (Tableaux II et III) — a révélé la place prépondérante des gens du commerce, tandis que celle du leadership faisait voir l'importance décisive des gens de droit. Ce leadership dans l'administration de l'Institut est confirmé par l'analyse des activités de parole : 25 % des conférenciers sont gens de droit, c'est aussi le cas de 44 % des essayistes ; quant aux dix débatteurs les plus actifs, six d'entre eux sont avocats. Au total, avocats, notaires, juges, étudiants en droit prirent plus souvent la parole qu'à leur tour. La tribune et l'assemblée délibérante furent des « terrains d'exercice » professionnel ; la tribune représentait aussi, pour cette bourgeoisie de professions libérales, un premier échelon de l'échelle sociale.

L'étude des activités de parole modifie encore notre représentation de l'Institut en ce qu'elle met davantage en évidence le cosmopolitisme de l'institution : non seulement dans le membership même ou dans la présence d'une quinzaine de conférenciers étrangers, mais surtout par la place faite aux questions d'actualité internationale tant dans les conférences que dans les essais et les débats. L'actualité en Europe et aux États-Unis préoccupe cette génération libérale qui suit la montée des nationalismes en Hongrie, en Pologne, en Belgique et en Italie et qui s'inquiète du destin de la Grande République face à l'esclavage et à la guerre civile. Essais et conférences donnent une autre dimension au continentalisme des libéraux de l'Institut Canadien, qui est tout autant culturel — le type d'association même —, qu'économique — libre-échange et réciprocité — et politique — annexion et républicanisme. Mais les libéraux ne réussirent pas à faire partager cette vision continentale du pays, à persuader leurs concitoyens et leurs adversaires que les États-Unis représentaient la « république normale ». Il faudra en 1877 un Wilfrid Laurier, ex-membre de l'Institut, pour distinguer libéralisme doctrinal et libéralisme catholique et dissocier le libéralisme canadien du libéralisme à la française, terrifiant et sanguinaire, l'identifiant plutôt au libéralisme réformiste à l'anglaise. Contre la république *anormale,* on ne choisit pourtant pas la « république normale » , et on lui préfère la monarchie constitutionnelle.

L'actualité d'ici intéressa tout autant sinon plus les conférenciers, les essayistes et les débatteurs que l'actualité d'ailleurs. Union, annexion, confédération, corporation municipale furent des sujets privilégiés, traités davantage sous l'angle idéologique que partisan. Actualité signifia aussi, vers 1865, survivre, défendre ses couleurs.

Certes on connaissait , à propos de l'attrait des libéraux pour le principe des nationalités, les articles de Dessaulles dans *L'Avenir* sur l'abrogation de l'Union et l'attention portée par *Le Pays* à la question de l'unité nationale italienne. Conférences, essais et débats amplifient cette préoccupation et conjuguent logiquement ce double intérêt pour les questions internationales et nationales. Contrairement aux ultramontains, les libéraux ne se posent pas d'abord la question du nationalisme en termes de définition des caractères nationaux; plutôt, le nationalisme se conjugue avec le principe des nationalités. Dessaulles, Papineau, Lafrenaye, Buies, Gonzalve Doutre « lecturent » , et librement, sur cette question. À telle enseigne que l'Institut n'eut pas une position homogène sur le nationalisme, même si certains semblèrent trouver une diagonale entre nationalisme et libéralisme, entre particulier et universel, entre citoyen d'ici et « citoyen du monde ».

Les activités de parole à l'Institut Canadien ne modifient pas seulement le contenu de notre représentation de l'institution; elles témoignent aussi de l'évolution des formes culturelles. Tribune et presse renvoient de fait à deux codes culturels, l'oral et l'imprimé que l'Institut Canadien conjugue de façon inédite.

L'architecture même de l'Institut Canadien de Montréal rend parfaitement compte de cette culture générale de l'échange: au rez-de-chaussée, les commerces loués; au premier étage, l'imprimé de la bibliothèque et de la « salle des nouvelles »; au second, l'oralité des séances ordinaires et des conférences publiques. Pendant vingt-cinq ans, des libéraux y prirent la parole; ces gens de parole surent aussi tenir parole.

BIBLIOGRAPHIE

Sources manuscrites

La constitution du corpus des conférences publiques, des essais et des débats s'est faite à partir des procès-verbaux de l'Institut Canadien de Montréal dont nous avons décrit les archives, maintenant accessibles sur microfilms au centre montréalais des Archives nationales du Québec : Yvan LAMONDE, « Les archives de l'Institut Canadien de Montréal (1844-1900) : historique et inventaire », *Revue d'Histoire de l'Amérique française*, 28, 1 (juin 1974) : 77-93.

Sources imprimées

Nous avons pallié l'absence des archives de l'Institut Canadien de Montréal pour la période 1844-1855, détruites par le feu, en dépouillant la presse périodique, et principalement *L'Avenir* (1847-1852) et *Le Pays* (1852-1871) qui publient le *Rapport annuel* de l'Institut, l'annonce ou le compte rendu des conférences, essais et débats, et le plus souvent le texte même des conférences publiques. Nous avons aussi dépouillé la *Revue canadienne* (1845-1848) et son *Album littéraire et musical* (1848-1850), *La Minerve* (1842-1860) Le *Moniteur canadien* (1849-1855), *L'Ordre* (1858-1871) et, de façon ponctuelle, *L'Aurore des Canadas* (1839-1871),

Les Mélanges religieux(1840-1852), l'*Union nationale*(1864-1867).

Nous avons utilisé les *Annuaires* (1866-1870) de l'Institut Canadien de Montréal, le *Répertoire national*de James Huston, de même que deux publications officieuses de l'Institut: J.-B.-É. DORION, *L'Institut Canadien en 1852,* Montréal, Rowen, 1852, 237 p. ; et J.-L. LAFONTAINE, *L'Institut Canadien en 1855,* Montréal, Sénécal, 1855, 225 p.

Études internationales

On trouvera la bibliographie des études essentielles sur le phénomène des Mechanics' Institutes britanniques, des « lyceums » américains, dans l' « Inventaire des études et des sources pour l'étude des associations littéraires francophones, 1840-1900 », *Recherches sociographiques,* XVI, 2 (mai-août 1975): 261-275. Un ajout: Maurice AGULHON, *Le Cercle dans la France bourgeoise, 1810-1848. Une étude de mutation de sociabilité,* Paris, A. Colin (Cahiers des Annales, n° 36), 1977, 105 p.

Sur le « *public lecture system* » aux États-Unis, dans l'ordre chronologique: Hubert M. HOELTJE, « Notes on the History of Lecturing in Iowa, 1855-1885 », *Iowa Journal of History and Politics,* XXV (January 1927): 62-131 ; William B. BRIGANCE and Mary K. HOCHMUTH, *A History and Criticism of American Public Address,* New York, 1943 et 1945, 3 vol.; Robert J. GREEF, *Public Lectures in New York, 1851-1878: A Cultural Index of the Times,* Ph.D. (History), U. of Chicago, 1945; David MEAD, *Yankee Eloquence in the Middle West: The Ohio Lyceum, 1850-1870,* East Lansing, Michigan State College Press, 1951, VIII-273 p.; Carl BODE, *The American Lyceum, Town Meeting of the Mind,* Carbondale, Southern Illinois University Press, 1956, XII-275 p. ; Jeffrey AUER, « American Public Address and American Studies: A Bibliography », *American Quarterly,* IX (summer 1957): 217-222 ; Merton M. SEALTS, *Melville as Lecturer,* Cambridge, Harvard University Press, 1957, IX-202 p.; Paul FATOUT, *Mark Twain on the Lecture Circuit,* Bloomingdale,

Indiana University Press, 1960, 321 p. ; Kenneth Walter Cameron (dir.), *The Massachusetts Lyceum during the American Renaissance. Materials for the Study of the Oral Tradition in American Letters : Emerson, Thoreau, Hawthorne and other New England Lecturers,* Hartford, Conn., Transcendantal Books, 1969, 226 p. ; Ronald STORY, « Class and Culture in Boston : The Atheneum, 1807-1860 », *American Quarterly,* XXVII (May 1975) : 178-199 ; Frederic J. KENNEDY, « Herman Melville's Lecture in Montreal », *The New England Quarterly* 4, 1 (March 1977) : 125-137 ; Donald M. SCOTT, « The Popular Lecture and the Creation of a Public in Mid-Nineteenth Century America », *Journal of American History,* 66, 4 (March 1980) : 791-809 ; Donald M. COTT, « Print and the Public Lecture System, 1840-1860 », dans William L. JOYCE *et al, Printing and Society in Early America,* Worcester, American Antiquarian Society, 1983, p. 278-299.

Études québécoises

La bibliographie à jour sur l'Institut Canadien de Montréal se trouve dans Y. LAMONDE, « Inventaire des études... » *loc. cit.* ; « La bibliothèque de l'Institut Canadien de Montréal (1852-1876) : pour une analyse multidimensionnelle », *Revue d'Histoire de l'Amérique française,* 41, 3 (hiver 1988) : 335-361. On y ajoutera : Y. LAMONDE, « L'association culturelle au Québec au XIXe siècle : méthode d'enquête et premiers résultats », dans Y. Lamonde, *Territoires de l'histoire socio-culturelle du Québec,* Québec, Presses de l'Université Laval, 1990. ; Y. LAMONDE et Pierre NOLIN, « Des documents cruciaux du débat libéral-ultramontain : les lettres (1862) de Mgr Bourget au journal *Le Pays* », *Littératures,* n° 3 (1989) : 115-204 ; Richard CHOQUETTE, *Les Associations volontaires et le changement social : Sherbrooke, 1855-1909,* M.A. (Histoire), Université de Sherbrooke, 1987, VIII-191 p. ; Luc RICHARD, « Un portrait de la première association intellectuelle à Joliette (1856-1909) », *Sessions d'étude,* Société canadienne d'Histoire de l'Église catholique (1987) : 97-118.

À propos de l'éloquence et de la conférence publique : Marcel LAJEUNESSE, *Les Sulpiciens et la vie culturelle de Montréal au XIXe siècle,* Montréal, Fides, 1982, p. 87-137, 177-198 ; Nive VOISINE, « Jubilés, missions paroissiales et prédication au XIXe siècle », *Recherches sociographiques,* 23, 1-2 (1982) : 125-138 ; David HAYNE, « L'Essai au Québec : des origines à la Confédération », dans Paul WYCZYNSKI, François GALLAYS et Sylvain SIMARD, *L'Essai et la prose d'idées au Québec,* Montréal, Fides (Archives des lettres canadiennes, N^oVI), 1985, p. 11-27 ; Pierre RAJOTTE, *Stratégies discursives dans les conférences du Cabinet de lecture paroissial,* M.A. (Lettres), Université Laval, 1987, IX-143 p.

La biographie d'un bon nombre de conférenciers et d'essayistes peut être retracée grâce aux volumes parus du *Dictionnaire biographique du Canada* et au *Dictionnaire des auteurs de langue française en Amérique du Nord* de Réginald HAMEL, John HARE et Paul WYCZYNSKI publié chez Fides en 1989.

Études théoriques

À propos des notions d'espace public et de sociabilité : Jurgen HABERMAS, *L'Espace public,* Paris, Payot, 1986 ; Richard SENETT, *Les Tyrannies de l'intimité* (traduction de *The Fall of Public Man*), Paris, Seuil, 1979, 286 p. ; Yvan LAMONDE, « La Sociabilité et l'Histoire socio-culturelle : le cas de Montréal (1760-1880) », *Historical Papers/Communications historiques* (1987) : 85-111.

MÉTHODOLOGIE

L'essai bibliographique qui précède permet de voir comment nous avons repéré les événements et les hommes, comment nous avons constitué le corpus des conférences, des essais et des débats à l'Institut Canadien de Montréal entre 1845 et 1871.

Nous avons ainsi constitué trois *séries* culturelles sur un quart de siècle, séries homogènes et complémentaires qui révèlent un aspect fondamental de la culture rhétorique du XIXe siècle. Le phénomène étudié est de moyenne durée et nous semble avoir, sur le plan culturel, valeur structurelle.

À partir d'un logiciel « Micro-base » mis au point par Philippe François du CNRS à Marseille et par le professeur Bernard Cousin de l'UER d'histoire de l'Université d'Aix-Marseille, nous avons construit un programme de 23 variables pour analyser les conférences et les conférenciers, les essais et les essayistes, les débats et les débatteurs.

Nous croyons que pour l'analyse de la culture rhétorique des associations culturelles au XIXe siècle, ces variables peuvent avoir une valeur universelle, de même que la classification des sujets (variable 15) des conférences, des essais et des débats présentée au tableau VIII.

TABLEAUX

Tableau I
Montréal, Québec et province, périodiques selon la langue, par décennie (1800-1859)

	Montréal				Québec				Province				Total		
	A	F	B	T	A	F	B	T	A	F	B	T	A	F	B
1800-1809	1		1	2	1	2	1	4					2	2	2
1810-1819	6	3		9	4	1		5		1		1	10	5	
1820-1829	17	4		21	2	6		8	1	4		5	20	14	
1830-1839	22	14		36	5	3	2	10	8	3	1	12	35	20	3
1840-1849	47	19		66	15	12		27	2	7		9	64	38	
1850-1859	33	21		54	9	19		28	12	8	1	21	54	48	1

A = de langue anglaise ; F = de langue française ; B = bilingue ; T = Total

Source: Claude Galarneau, « La presse périodique au Québec de 1764 à 1859 », *Mémoires* de la Société royale du Canada, 4e série, tome XXII (1984), p. 147.

Tableau II
Institut Canadien de Montréal, secteurs professionnels des membres et des dirigeants (1855-1900)

Secteurs/sous-secteurs	Membres (n=926*)		Dirigeants (n=120*)	
	n	%	n	%
Extraction	2	0,2	0	
Transformation Industrie (72) Métal (22) Vêtements (16) Construction (50)	122	13,1	10	8,3
Distribution Commerce (327) Transport (14)	341	36,8	29	24,1
Services Professionnels (217) Avocats (130) dont 71 étudiants en droit Médecins (45) Notaires (14) Spécialisés (124) Comptables (42) Imprimeurs (13) Journalistes (12) Publics (23)	382	41,2	80	66,6
Inclassables		2,6		0,8

* 926 professions connues des 1011 membres admis entre 1855 et 1900 et 120 connues des 139 membres ayant assumé des responsabilités de direction durant les mêmes années. Seule une analyse longitudinale est possible, la documentation archivistique ne permettant pas de coupes annuelles ou quinquennales, par exemple.

Sources : *Procès-verbaux* (1855-1900) de l'Institut Canadien de Montréal ; *Registre des admissions et résignations* de l'ICM ; Mackay's et Lovell's *Directories* (1842-   ). Compilation et analyse : Céline Beaudet et Yvan Lamonde.

Tableau III
**Institut Canadien de Montréal, professions les plus fréquentes
des membres et des dirigeants (1855-1900)**

Professions	Membres (n=926)		Officiers (n=120)	
	n	%	n	%
Marchands, négociants commerçants	165	17,8	19	15,8
Avocats	130	14,0	41	34,1
Médecins	45	4,8	6	5,0
Teneurs de livres	25	2,6		
Menuisiers	20	2,1		
Gentilshommes (« Esq. »)	19	2,0		
Professeurs	15	1,6		
Imprimeurs	15	1,6		
Notaires	14	1,5	6	5,0
Entrepreneurs	12	1,2		
Tailleurs (vêtements)	12	1,2		
Ingénieurs	10	1,0		

Sources : *Procès-verbaux* (1855-1900) de l'Institut Canadien de Montréal;
Registre des admissions et résignations de l'ICM ; Mackay's et Lovell's
Directories (1842-£). Compilation et analyse : Céline Beaudet et Yvan
Lamonde.

Tableau IV
États-Unis, liste sélective de « lyceums »

Année de fondation	Lieu	État
1826	New Haven	Connecticut
1829	Concord	New Hampshire
1829	Pittsford	Vermont
1829	Kennebunk	Maine
1829	Bangor	Maine
1829	Providence	Rhode Island
c. 1829	Albany	New York
1829	Rochester	New York
1830	Boston	Massachusetts
1830	Salem	Massachusetts
1830	Hartford	Connecticut
1830	Rutland County	Vermont
1830	Buffalo	New York
1831	Eastport	Maine
1831	New York	New York
1832	Baltimore	Maryland
1833	Portsmouth	New Hampshire
1834	Princeton	New Jersey
1839	Lowell	Massachusetts
1842	Manchester	New Hampshire

Source: Carl Bode, *The American Lyceum, passim.*

Tableau V
**Institut Canadien de Montréal, nombre annuel de réunions,
de conférences publiques, d'essais et de débats (1845-1871)**

Année	Conférences publiques	Essais	Débats	Total	Réunions*
1845	2	10	—	12	ND
1846	3	—	—	3	39
1847	4	11	6	21	50
1848	13	2	2	17	ND
1849	2	3	1	6	24
1850	5	1	4	10	51
1851	9	1	4	14	50
1852	8	1	1	10	43
1853	4	—	1	5	47
1854	9	—	15	24	48
1855	1	2	16	19	36 (+5 extra)
1856	13	1	11	25	ND
1857	6	4	18	28	49
1858	7	1	25	33	ND
1859	1	6	15	22	32
1860	3	5	8	16	ND
1861	1	1	5	7	ND
1862	4	3	13	20	30
1863	7	3	6	16	ND
1864	7	—	9	16	ND
1865	5	—	3	8	46
1866	3	—	—	3	40
1867	2	5	15	22	25
1868	3	2	7	12	16
1869	1	—	4	5	ND
1870	3	1	13	17	ND
1871	2	5	10	17	ND
Total	128** (31%)	68 (17%)	213 (52%)	409	

* Séances régulières à l'exclusion des soirées de conférences publiques.
ND = non disponible.
** Il s'agit de 110 sujets de conférences abordés en 128 conférences ou séances.

Sources : *Procès-verbaux* (1855-1900) de l'Institut Canadien de Montréal ;
Rapport annuel (1845-1871) ; *L'Avenir* (1847-1852) ; *Le Pays* (1852-1871).

Tableau VI
Institut Canadien de Montréal, conférenciers, essayistes, débatteurs les plus actifs (1845-1871).

Nom	Conférences	Essais	Débats	Total
L.-A. Dessaulles	10 sujets/ 20 séances	—	4	24
A. Buies	5	1	18	24
Chs. Mondelet	5	—	—	5
Jos. Doutre	5	1	22	28
E. Parent	5	—	—	5
N. Cyr	4	—	11	15
Gonz. Doutre	2	10	54	66
L. Cortambert	4	—	2	6
A. Gérin-Lajoie	—	4	—	4
P. Hervieux	3	—	—	3
Chs. Laberge	2	4	6	12
H.E. Chevalier	—	3	3	6
P. Blanchet	—	2	101	103
Emery	—	1	29	30
M. Lanctôt	2	2	28	32
P. Doutre	—	—	23	23
D.-Z. Gauthier	—	1	19	20
Ls. Labrèche	—	1	15	16

Sources : *Procès-verbaux* (1855-1900) de l'Institut Canadien de Montréal; *Rapport annuel* (1845-1871); *L'Avenir* (1847-1852); *Le Pays* (1852-1871).

Tableau VII
Institut Canadien de Montréal, classification des sujets des conférences publiques, des essais et des débats (1845-1871)

	Conf.		Essais		Débats		Total	
	n	%	n	%	n	%	n	%
(00-09) Religion	1		1		8	0,4	10	2,5
01 Œuvres de l'Église			2					
02 Clergé et affaires								
temporelles	1				6		7	
03 Question romaine								
04 Théologie								
05 Divers			1				1	
(10-19)								
10 Droit	2		1		15	7,0	18	5,0
11 Philosophie	5	4,5	3		1		9	2,0
12 Économie, éco. pol.	5	4,5	6	8,8	17	8,0	28	7,0
13 Libertés et démocratie	9	8,1	8	11,7	21	10,0	38	10,0
14 Instruction,éducation	6	5,4	3		18	8,0	27	7,0
15 Musique et beaux-arts	1						1	
16 Nationalisme can.-fr.	7	6,3	4		11	5,0	22	6,0
(20-29) Histoire et								
biographie	20	18,1	12	17,6	2	1,0	34	9,0
20 Générale, Antiquité,								
autres	2		1				3	
21 Europe avant 1789			2				2	
22 Europe après 1789	8	7,2	2				10	
23 Amériques (Canada								
exclu)	1		2				3	
24 Canada avant 1760	1		3				4	
25 Canada 1760-	8	7,2	2				10	
(30-39) Géographie et								
voyages	2		1				3	1,0
30 Canada								
31 Amériques (Canada								
exclus)	2						2	
32 Europe, Asie, Océanie			1				1	

(40-49) Sciences et techniques	10	9,0	10	14,7	4	2,0	24	6,0
40 En général								
41 Physique, Maths., Astronomie	1		1				2	
42 Naturelles	2		1				3	
43 Médecine, Hygiène	6	5,4	6	8,8	2		14	4,0
44 Techniques, technologie	1		2		2		5	
(50-59) Littérature	15	13,6	4	5,8	1		20	51,0
50 En France	10						10	5,6
51 Au Canada français								
52 Sur les genres :			1		1		2	
53 roman, fable, conte	1						1	
54 poésie	2		3				5	
55 éloquence								
56 théâtre	1						1	
57 chanson	1						1	
(60-69) Questions d'actualité	27	24,5	13	19,1	115	54,0	155	40,0
60 Europe	5	4,5	2		23		30	
61 Amériques(Canada exclu)	3		2		16		21	
62 Canada	19	17,2	9	13,2	76		104	26,0
99 Divers	—		2				1	
Total :	110		68		213		391	

Sources: *Procès-verbaux* (1855-1900) de l'Institut Canadien de Montréal; *Rapport annuel* (1845-1871); *L'Avenir* (1847-1852); *Le Pays* (1852-1871).

Tableau VIII
Variables du programme informatique pour l'analyse de l'Institut Canadien de Montréal

N° de la variable	Variables	N° de caractères
1.	Nom et initiales du prénom (A)	20
*2.	Sexe (A)	1
3.	Âge	2
*4.	Nationalité	1
*5.	Occupation	2
*6.	Statut dans l'association	1
*7.	Fonction dans l'association	1
8.	Conférence, année	2
9.	Conférence, mois	2
10.	Conférence, quantième	2
*11.	Conférence, jour	1
12.	N. total de séances par conférence	1
13.	Titre de la conférence (A)	30
*14.	Institution où est faite la conférence	2
*15.	Classification du sujet	2
*16.	Journal-source de la conférence	2
*17.	Annonce de la conférence (45-01-16)	6
*18.	Compte rendu de la conférence	6
*19.	Publication contemporaine intégrale de la conférence dans un périodique	7
*20.	Publication contemporaine intégrale en brochure	2
*21.	Publication intégrale ou partielle ultérieure	1
*22.	Journal-source d'une critique de la conférence	2
*23.	Références chronologiques à la critique (45-01-20)	7
		103

* Indique une variable codée numériquement.
Sauf mention (A) pour des valeurs alphanumériques, toutes les valeurs sont numériques.

ANNEXES

ANNEXE I

INSTITUT CANADIEN DE MONTRÉAL, LISTE CHRONOLOGIQUE DES CONFÉRENCES PUBLIQUES (1845-1871)

Note: Cette liste et la suivante précisent les dates des conférences et des essais ainsi que la référence aux publications *intégrales* des textes. La liste des débats et des nombreux débatteurs se révèle trop longue pour être publiée ici.

1. **Wolfred Nelson**
   30/4/45
   Nombreux avantages des associations littéraires et autres.

2. **Augustin-Norbert Morin**
   18/12/45
   De l'éducation élémentaire dans le Bas-Canada... :
   La Minerve, 1er janvier 1846 ; la *Revue Canadienne*,
   20 décembre 1845 ; Huston, *Répertoire national*
   (1848) : III, 207-224 ; Montréal, Lovell et Gibson,
   1846, 30 p.

3. **Étienne Parent**
   22/1/46
   L'industrie considérée comme moyen de conserver
   notre nationalité : lieux de publication non indiqués
   dans Jean-Charles Falardeau, *Étienne Parent 1802-
   1874,* Montréal, *La Presse,* 1975, p. 113-
   125 : *L'Aurore des Canadas,* 6 février 1846 ; *La
   Minerve,* 26 janvier 1846.

4. **Charles Mondelet**
   18/4/46
   Sur l'origine, la marche et le progrès des arts, et les
   découvertes qui s'y rattachent... : *La Minerve,* 23 et
   27 avril 1846.

5. **É. Parent** 19/11/46
   Importance de l'étude de l'économie politique : J.-C.
   Falardeau, *op. cit.,* p. 127-143 : *L'Aurore des
   Canadas,* 4 décembre 1846 ; la *Revue Canadienne,*
   24 novembre 1846.

6.   **Armand de Charbonnel**
      6/5/47
      Caractères de la société chrétienne.

7.   **P.-J.-O. Chauveau**
      26/6/47
      Sur l'état de la littérature française depuis la Révolution de 1789 jusqu'à nos jours : Huston (1848) : III, 206-211 (extraits).

8.   **É. Parent**   23/9/47
      Du travail chez l'homme : J.-C. Falardeau ; *op. cit.*, p. 145-169 et *L'Avenir*, fin septembre et 2 octobre 1847.

9.   **Charles Mondelet**
      17/12/47
      Sur la position de la femme en Canada : *L'Avenir*, 31 décembre 1847 et 15 janvier 1848 ; *La Minerve*, 20 décembre 1847 ; l'*Album littéraire et musical de la Revue canadienne* (1847) : 323-334.

10.   **Guillaume Lévesque**
      27/1/48
      De l'influence du sol et du climat sur le caractère, les établissements et les destinées des Canadiens : *L'Avenir*, 29 janvier 1848 ; l'*Album littéraire et musical de la Revue canadienne* (1848) : 53-65 ; Huston (1850) : IV, 289-318.

11.   **Étienne-Pascal Taché**
      27/1/48
      Du développement de la force physique chez l'homme : *Journal de l'instruction publique* (1865) : 119-121, 138-141, 159-161 ; Huston, (1850) : IV, 362-401 ; réédition présentée par Donald Guay, Québec, Société québécoise d'histoire du loisir, 1981, 52 p.

12.   **Charles Mondelet**
      3/2/48
      Les jeunes gens du Canada... : *L'Avenir*, 12 février 1848.

13. **É. Parent** 19/2/48

Considérations sur notre système d'éducation populaire, sur l'éducation en général et sur les moyens législatifs d'y pourvoir : J.-C. Falardeau, *op. cit.,* p. 171-199 plus *L'Avenir,* 19 février 1848 et la *Revue canadienne,* 22, 25 et 29 février 1848.

14. **J.-L. Leprohon**

26/2/48

L'hygiène : *L'Avenir,* 18, 22, 24 mars 1848.

15. **Bernard O'Reilly**

9/3/48

Colonisation des townships : *L'Avenir,* 11 mars, 1er et 5 avril 1848 ; *Mélanges religieux,* 21 mars 1848.

16. **Félix Martin**

6/4/48

La nation huronne.

17. **Louis-Victor Sicotte**

13/4/48

L'histoire étudiée au point de vue de l'économie sociale.

18. **Louis-Jos-Amédée Papineau**

29/4/48

La civilisation.

19. **Sabourin** 31/8/48

La physiologie.

20. **M. Escalonne**

19/10/48

La loi.

21. **É. Parent** 17/12/48

Du prêtre et du spiritualisme dans leurs rapports avec la société : J.-C. Falardeau, *op. cit.,* p. 201-226, plus *L'Aurore des Canadas,* 24 décembre 1848 et 5, 12 janvier 1849 ; *Mélanges religieux,* 19 décembre 1848, 9, 12, 19 février 1849.

22. **Charles Mondelet**

21/12/48

De l'indépendance du caractère : *L'Avenir,* 20 et 24 janvier 1849.

23. **Charles Mondelet**
17/12/49
La culture de l'intellect et l'utilité des lectures publiques pour toutes les classes de la société : *L'Avenir,* 9 février 1850 ; le *Moniteur canadien,* 15 février 1850.

24. **Jos.-Guillaume Barthe**
26/12/49, 6/3/50
Essai sur l'abolition de la peine de mort : *L'Avenir,* 2 et 5 février 1850 ; le *Moniteur canadien,* 18 janvier 1850.

25. **Denis-Benjamin Viger**
11/1/50
Premiers principes du droit constitutionnel du pays.

26. **Louis-Antoine Dessaulles**
23/4/50, 8/6/50, 24/1/51, 25/1/51, 25/4/51, 23/5/51
L'annexion du Canada aux États-Unis : *L'Avenir,* 11 et 18 mai ; *Six lectures sur l'annexion du Canada aux États-Unis.* Préface de Joseph Doutre, Montréal, publié et imprimé par P. Gendron, 1851, 200 p. ; réédition : New York, Johnson Reprint, 1968, XII-200 p.

27. **Joseph Doutre**
17/12/50
Sixième anniversaire de la fondation de l'Institut Canadien : *L'Avenir,* 29 janvier 1851 ; le *Moniteur canadien,* 20 décembre 1850 ; J.-B.-E. Dorion. *L'Institut canadien en 1852.* Montréal, W.-H. Rowen, 1852, p. 63-102.

28. **Charles Sabourin**
31/1/51
Des institutions sociales, de leur utilité, de leurs rapports avec l'éducation physique et morale : le *Moniteur canadien,* 7 février 1851.

29. **D. Latte** 7/2/51
L'état politique et social de l'Europe, mes impressions sur le passé, le présent et l'avenir du Canada.

30. **J.-J. Thomas Loranger**
11/4/51
Du barreau français, depuis l'origine de la monarchie jusqu'à la Révolution de 1789.

31. **Joseph-Guillaume Barthe**
20/12/51
[Célébration du 7ᵉ anniversaire de l'Institut.]

32. **Joseph Doutre**
12/51
Du meilleur emploi qu'un citoyen peut faire de son existence, tant pour la société que pour sa famille. J.-B.-E. Dorion, *op. cit.,* p. 144-192.

33. **Charles Tailhades**
9/1/52
Sept mois de la vie d'un marin [à la Martinique].

34. **Joseph Lenoir**
6/2/52
La civilisation : *Le Pays,* 23 février 1852 ; *Joseph Lenoir, œuvres.* Édition critique par John Hare, Jeanne d'Arc Lortie. Montréal, PUM, coll. «Bibliothèque du Nouveau Monde», 1988, p. 239-256.

35. **Charles Laberge**
19/3/52
[La forme de gouvernement que réclame aujourd'hui le monde] : *Le Pays,* 24 et 29 mars 1852.

36. **J.-B.-É. Dorion**
27/3/52
Un mot sur le commerce... : *Le Pays,* 1ᵉʳ, 5 et 8 avril 1852 ; J.-B.-E. Dorion, *op. cit.,* p. 12-18, 193-237.

37. **P.-R. Lafrenaye**
2/4/52
Les écoles primaires, communes et gratuites, ouvertes et maintenues aux frais de la société... : le *Moniteur Canadien,* 8, 15, 22 avril 1852.

38. **Louis Ricard**
4/5/52
Louis Kossuth et Louis Napoléon. Étude historique et littéraire : *Le Pays,* 9, 11, 14, 16, 21 juin et 2 juillet 1852.

39.   **Charles Laberge**
      17/12/52
      La Chambre d'Assemblée du Bas-Canada : *Le Pays,*
      28 décembre 1852 ; J.-L. Lafontaine. *L'Institut Ca-*
      nadien en 1855. Montréal, Daniel et Sénécal, 1855,
      p. 45-78.

40.   **Maximilien Bibaud**
      1852
      Deux pages de l'histoire de l'Amérique : publié sous
      ce titre, Montréal, Eusèbe Sénécal, 1857, 70 p.

41.   **Joseph Doutre**
      21/1/53
      Les Sauvages du Canada en 1852 ; J.-L. Lafontaine,
      op. cit., p. 190-225.

42.   **Henri de Caussin**
      25/2/53
      L'instruction populaire, suivie d'une notice biogra-
      phique sur Jeanne d'Arc.

43.   **Louis Ricard**
      18/3/53
      Lutte de la Hongrie en 1848, son origine, ses moyens
      d'action et son dénouement.

44.   **Charles Daoust**
      17/12/53
      [Neuvième anniversaire de l'Institut Canadien] :
      Le Pays, 27 et 29 décembre 1853.

45.   **J.-G. Bibaud**
      10/3/54
      Les phénomènes des tables tournantes au point de
      vue scientifique : *Le Pays,* 22 et 29 mars 1854.

46.   **Manoël de Grandfort**
      30/5/54, 1/6/54, 20/6/54
      L'influence et l'avenir de la femme.

47.   **Joseph Doutre**
      8/6/54
      Notice biographique sur l'Honorable Denis-Benja-
      min Papineau : *Le Pays,* 10 et 13 juin 1854.

48. **Joseph Doutre**
    23/8/54
    Notice biographique sur feu Édouard R. Fabre,
    écuyer : *Le Pays*, 23 août 1854 ; J.-L. Lafontaine,
    op. cit., p. 117-149.

49. **Paul Arpin** 19/9/54, 22/9/54
    La littérature.

50. **P.-R. Lafrenaye**
    17/12/54
    [Dixième anniversaire de fondation de l'Institut
    Canadien] : *Le Pays*, 28 décembre 1854 ; J.-L.
    Lafontaine, *op. cit.*, p. 94-116.

51. **Narcisse Cyr**
    27/4/55
    La poésie des Hébreux.

52. **M. Dutton** 18/1/56
    Les Beaux-Arts.

53. **Alex-Édouard Kierzkowski**
    8/2/56
    La richesse publique chez les Anciens et chez les
    Modernes... : *Le Pays*, 12 février 1856.

54. **Hector Fabre**
    15/2/56
    Esquisse biographique sur Chevalier de Lorimier :
    Le Pays, 19 et 21 février 1856 ; publié sous ce titre,
    Montréal, Imprimerie du Pays, 1856, 15 p.

55. **Narcisse Cyr**
    7/3/56
    Racine, le poète tragique : *Le Pays*, 13 et 15 mars
    1856 (en partie).

56. **Ls.-Antoine Dessaulles**
    14/3/56
    Galilée, ses travaux scientifiques et sa condam-
    nation ; publié sous ce titre, Montréal, par *L'Avenir*,
    des presses à vapeur De Montigny et cie, 1856, 50 p.

57. **W. Smith** 28/3/56
    Le progrès.

58. **Charles Marcil**
    3/5/56
    Esquisse biographique et historique sur John
    Neilson : *Le Pays,* 8 et 10 mai 1856.

59. **Jean-B. Desplace**
    27/11/56
    Lamartine et ses œuvres.

60. **Ls.-Antoine Dessaulles**
    28/11/56
    Lamartine.

61. **Charles-Louis Marle**
    2/12/56
    [Sur Lamartine] : *Le Pays,* 10 et 12 décembre 1856.

62. **Joseph Duhamel**
    23/12/56, 26/12/56 , 30/12/56, 2/1/57
    Les progrès littéraires et scientifiques au XIXe
    siècle : *Le Pays,* 23, 26,30 décembre 1856, 21 janvier
    1857.

63. **Pierre Hervieux**
    9/1/57
    Le grand Corneille et la poésie en France avant lui.

64. **Pierre Hervieux**
    13/3/57
    Molière.

65. **Narcisse Cyr**
    17/4/57
    L'expulsion des Acadiens, ainsi que leur histoire
    avant et après cet événement.

66. **Joseph-Émery Coderre**
    14/5/57, 22/5/57
    Examen médico-légal du procès d'Anaïs
    Toussaint... : *Le Pays,* 10, 17, 24 juin et 1er juillet
    1857 ; publié sous ce titre, Montréal, Plinguet, 1857,
    50 p.

67. **Achille Nicolas**
    12/2/58
    Le magnétisme animal considéré au point de vue
    historique, thérapeutique et moral.

68. **Ls.-Antoine Dessaulles**
    22/2/58
    Le progrès.

69. **Achille Nicolas**
    9/3/58
    L'histoire de la chanson.

70. **Éraste D'Orsonnens**
    12/3/58
    Le magnétisme.

71. **Théodore Lafleur**
    26/3/58
    La nature de l'homme.

72. **Médéric Lanctôt**
    9/4/58
    Le sentiment national et la nationalité canadienne-française.

73. **Alex-Édouard Kierzkowski**
    17/12/58
    Un épisode de l'histoire de la Pologne, Révolution 1830.

74. **Médéric Lanctôt**
    18/3/59
    Étude sur l'état social et politique de l'Angleterre...

75. **Louis-Michel Darveau**
    19/1/60
    L'agriculture au point de vue national : *L'observateur,* 27 janvier, 17, 24 février 1860.

76. **Pierre Hervieux**
    24/3/60
    Boileau-Despreaux et la satire en France.

77. **F. Boucher** 1860
    La première expédition de Walker dans l'Amérique centrale.

78. **J.-B.-É. Dorion**
    8/3/61
    Colonisation du Bas-Canada : *La Réforme,* 26 et 30 mars, 2, 5, 9 avril 1861 ; *Le Courrier de St-Hyacinthe.* 15, 22, 27 mars 1861.

79.   **Narcisse Cyr**
         9/2/62
         L'instruction et l'histoire du christianisme dans l'île
         de Madagascar.

80.   **A. Delisle**   *28/11/62*
         L'utilité de l'étude de la botanique.

81.   **Ls.-Antoine Dessaulles**
         23/12/62
         Discours sur l'Institut Canadien : *Le Pays,* 27 et
         30 décembre 1862 ; 8 et 10 janvier 1863 ; publié sous
         ce titre, Montréal, Des presses du journal *Le Pays,*
         1863, 21 p.

82.   **Arthur Buies**
         26/12/62
         L'avenir de la race française en Canada : *Le Pays,* 27,
         29, 31 janvier 1863.

83.   **Thomas d'Arcy McGee**
         20/1/63
         Les quatre Révolutions.

84.   **A. Delisle**   30/1/63
         Le mouvement et la marche de la sève et l'assimi-
         lation ou nutrition proprement dites dans les végé-
         taux.

85.   **Arthur Buies**
         12/3/63
         La situation politique du Canada.

86.   **Louis Cortambert**
         6/11/63
         La guerre américaine : *Le Pays,* 10 et 12 novembre
         1863 ; publié sous ce titre, Montréal, des presses du
         journal *Le Pays,* 1863, 11 p.

87.   **Charles Daoust**
         17/12/63
         Coup d'œil sur la situation politique de l'Europe.

88.   **Ls. Cortambert**
         23/12/63
         La poésie au XVIIe siècle.

89. **Ls. Cortambert**
     30/12/63
     Molière.

90. **Ls. Cortambert**
     13/1/64
     Lafontaine et Boileau.

91. **Théodore Lafleur**
     3/2/64
     La destinée humaine.

92. **J.-R. Lamoureux**
     22/3/64
     La mythologie grecque.

93. **Arthur Buies**
     15/9/64
     La Confédération (aspects politiques, sociaux, philo-
     sophiques).

94. **Gonzalve Doutre**
     1/12/64
     Le principe des nationalités : *Le Pays,* 15, 17 et
     20 décembre 1864 ; publié sous ce titre, Montréal,
     typographie du journal *Le Pays,* 1864, 74 p.

95. **Arthur Buies**
     5/12/64
     Le progrès : *Le Pays,* 6 et 13 décembre 1864.

96. **Ls.-Antoine Dessaulles**
     14/12/64, 26/1/65, 9/2/65, 3/3/65, 23/3/65, 6/4/65
     La guerre américaine, ses origines et ses causes :
     Le Pays, 14, 17, 19, 26, 31 janvier ; 2, 4, 7, 9, 11, 23,
     25, 28 février ; 2, 4, 7, 9, 14, 18, 21, 23, 28 mars ; 4, 6,
     8, 11, 13, 18, 20, 22 avril ; 22, 25, 27, 29 juillet ; 1er, 3,
     5, 8, 10, 12, 15, 17, 19 août 1865 ; publié sous ce titre,
     Montréal, typographie du journal *Le Pays,* 1865,
     538 p. ; chaque conférence avait fait l'objet de publi-
     cation en brochure.

97. **Angelo Tacchella**
     10/9/66
     La cause et les effets de la dernière guerre d'Italie.

98. **M. Spilthorn**
     18/9/66
     La Belgique.

99. **M. Spilthorn**
     27/9/66
     L'alliance projetée entre les États-Unis et la Russie.

100. **John Cordner**
     17/12/67
     L'hospitalité de l'esprit : *Le Pays,* 28 décembre
     1867 ; *Annuaire de l'Institut Canadien pour 1867.*
     Montréal, *Le Pays,* 1868, p. 9-14 (texte traduit par
     Alphonse Lusignan).

101. **Louis-Joseph Papineau**
     17/12/67
     Discours à l'occasion du 23e anniversaire de l'Institut
     Canadien : *Le Pays,* 18, 21, 23, 25 et 28 janvier
     1868 ; *Annuaire de l'Institut Canadien pour 1867.*
     Montréal, *Le Pays,* 1868, 20 p.

102. **Narcisse Duval**
     27/2/68
     Madame de Staël, sa vie et ses œuvres.

103. **Ls.-Antoine Dessaulles**
     17/12/68
     Discours sur la tolérance... : Le Pays, 18 et 21 décem-
     bre 1868 ; *Annuaire de l'Institut Canadien pour
     1868.* Montréal, Imprimerie du Pays, 1868, p. 4-21.

104. **Horace Greeley**
     17/12/68
     [Sur la tolérance] : *Annuaire de l'Institut Canadien
     pour 1868.* Montréal, Imprimerie du pays, 1868,
     p. 21-23.

105. **Ls.-Antoine Dessaulles**
     29/12/69
     Affaire Guibord : *Annuaire de l'Institut Canadien
     pour 1869.* Montréal, Perrault, 1870, p. 7-50.

106. **Ls.-Antoine Dessaulles**
     11/1/70
     L'index : *Annuaire de l'Institut Canadien pour
     1869.* Montréal, Perrault, 1870, p. 51-136.

107. **Gonzalve Doutre**

   14/4/70

   Sur les affaires de l'Institut Canadien à Rome : *Le Pays*, 14, 15, 17, 18 juin 1870.

108. **A. St-Louis**

   27/10/70

   L'astronomie et le principe du mouvement des corps célestes.

109. **Ls.-Antoine Dessaulles**

   13/4/71

   [Lettre du Cardinal Barnabo et réplique] ; Dernière correspondance entre S.E. le Cardinal Barnabo et l'Honorable M. Dessaulles. Montréal, Imprimerie de Alphonse Doutre, 1871, 39 p.

110. **Arthur Buies**

   22/4/71

   Ce qui est et ce qu'il faut : *Le Pays*, 27 et 28 avril, 1er, 2 mai 1871.

ANNEXE II

INSTITUT CANADIEN DE MONTRÉAL, LISTE CHRONOLOGIQUE DES ESSAIS (1845-1871)

1. **Antoine Gérin-Lajoie**
    16/1/45
    Discours sur l'utilité des lettres: *Revue canadienne* (1845): 29-30 et 37-38; reproduit dans René Dionne. *Antoine Gérin-Lajoie, homme de lettres* Sherbrooke, Éditions Naaman, 1978, p. 345-352.

2. **Paul-Richard Lafrenaye**
    13/2/45
    Sur le travail, son organisation et son économie: *Revue canadienne* (1845): 60-61.

3. **XXX** 2/4/45
    Les débouchés.

4. **Charles Laberge**
    4/45
    [Discours sur l'esprit d'association]: *Revue canadienne* (1845): 131-132.

5. **J.-B.-É. Dorion**
    c. 21/4/45
    Agriculture: *La Minerve*, 21 et 24 avril 1845.

6. **Pierre Blanchet**
    24/4/45
    Institutions municipales. Leurs avantages: *La Minerve*, 29 mai 1845.

7. **Charles Laberge**
    29/5/45
    Souvenirs de collège. Une terreur panique: *Revue canadienne* (1845): 238-239.

8. **XXX** 2/10/45
    Découverte du Nouveau Monde. Christophe Colomb: *La Minerve*, 6 octobre 1845.

9. **Charles Laberge**
    16/10/45
    Travail et concorde. *Altius tendimus: Revue canadienne*, (1845): 126-128.

10. **XXX**   c. 20/10/45
Avantages de l'adversité : *La Minerve*, 20 octobre
1845.

11. **Antoine Gérin-Lajoie**
14/1/47
Essai sur le commerce.

12. **Louis Labrèche-Viger**
21/1/47
[L'agriculture considérée comme moyen de conserver notre nationalité] : *L'Aurore des Canadas*, 2 février 1847.

13. **Antoine Gérin-Lajoie**
25/2/47
Éloge de l'Honorable Rémi Vallières de St-Réal, juge
en chef du district de Montréal : *La Minerve*, 1er mars
1847 : *Album littéraire et musical de la Revue canadienne* (1847) : 86-90 ; reproduit dans R. Dionne, *op.
cit.*, p. 356-367.

14. **Antoine Gérin-Lajoie**
c. 14/5/47
Bibliothèques publiques. Leur importance : *La
Minerve*, 14 mai 1847 ; reproduit dans R. Dionne, *op.
cit.*, p. 367-377.

15. **James Huston**
12/8/47
De la position et des besoins de la jeunesse canadienne-française : *L'Avenir*, 21 août 1847 ; J. Huston,
Le Répertoire national, (1850) : IV, 122-156.

16. **Charles Sabourin**
31/8/47
[La physiologie.]

17. **Charles Laberge**
16/9/47
Sur les institutions comparées de l'Angleterre et
de la France.

18. **Charles Sabourin**
28/9/47
[La physiologie.]

19. **George Batchelor**
    9/12/47
    Parallèle entre Washington et Napoléon.

20. **Rodolphe Laflamme**
    16/12/47
    La presse, ses avantages et l'utilité de sa plus grande
    extension pour le pays.

21. **P.-O. Demaray**
    25/12/47
    [L'éducation, les moyens de la répandre parmi le
    peuple.]

22. **L.E.D.** 17/2/48
    Commerce : *L'Avenir*, 12 et 15 avril 1848.

23. **C.-H. Lamontagne**
    18/5/48
    La photographie.

24. **J.-L. Leprohon**
    27/1/49
    Des épidémies et de leurs causes.

25. **D.P. Myrand**
    3/2/49
    L'origine et le développement des idées démocra-
    tiques en Amérique.

26. **D. Latte** 24/2/49
    Établissements de bienfaisance.

27. **Joseph Painchaud**
    6/11/50
    Les habitudes bonnes et mauvaises.

28. **Pierre Blanchet**
    6/2/51
    Les biens des Jésuites en Canada : le *Moniteur ca-*
    nadien, 21 février 1851.

29. **Hector Fabre**
    4/3/52
    Essai sur l'avenir de la France : *Le Pays*, 11 mars
    1852.

30. **C. Petit** 22/1/55
    Le travail.

31. **Rodolphe Laflamme**
    17/12/55
    Du sentiment national, de ce qu'il est en Canada et de ce qu'il devrait être.

32. **Joseph Papin**
    5/56
    L'éducation.

33. **Henri-Émile Chevalier**
    23/1/57
    Le territoire de la Baie d'Hudson et le commerce des pelleteries.

34. **[?] Doutre**
    13/2/57
    L'aérostation.

35. **J.-L. Leprohon**
    20/3/57
    L'hygiène.

36. **D.Z. Gauthier**
    1/10/57
    Essai sur la philosophie.

37. **Médéric Lanctôt**
    23/12/58
    La réforme électorale en Angleterre.

38. **Henri-Émile Chevalier**
    24/2/59
    La langue française et la nationalité canadienne.

39. **Gonzalve Doutre**
    10/3/59
    L'Institut Canadien en 1859.

40. **Henri-Émile Chevalier**
    31/3/59
    La presse franco-américaine.

41. **Michel Émery**
    9/6/59
    Le spiritualisme.

42. **George Henry Macaulay**
    12/2/59
    Passé, présent et avenir du Canada ; traduit par
    Médéric Lanctôt et publié sous ce titre, Montréal, des
    presses du journal *Le Pays,* 1859, IV- 31 p.

43. **Gonzalve Doutre**
    1859
    Sur les dîmes.

44. **Gonzalve Doutre**
    9/2/60
    Essai sur les romans et les romanciers.

45. **F. Trudeau**
    3/60
    L'amour de la patrie.

46. **Gonzalve Doutre**
    8/3/60
    Considérations sur le procès Conrol et plaidoyer en
    faveur de l'accusation de meurtre...

47. **Philippe Vandal**
    22/3/60
    L'esclavage.

48. **A. Lanclos** 6/60
    L'expédition de Garibaldi en Sicile et sa mission en
    Italie.

49. **Firmin Prudhomme**
    16/3/61
    La philosophie et la théologie de l'Inde et de la
    Chine.

50. **Gonzalve Doutre**
    30/1/62
    De l'encombrement des professions et de l'urgence
    de créer de nouvelles carrières.

51. **Médéric Lanctôt**
    2/62
    La question du blocus.

52. **M. Lacroix**
    24/4/62
    La liberté de parole et la valeur des principes.

53. **Arthur Buies**
19/3/63
La composition de la législature et ses conséquences.

54. **Gonzalve Doutre**
16/4/63
La guerre américaine.

55. **Gonzalve Doutre**
26/11/63
Influence des maisons d'éducation et des institutions littéraires sur la jeunesse.

56. **N. Bienvenu**
14/2/67
La correspondance de Napoléon Ier.

57. **Henry Lacroix**
11/3/67
Causerie sur le magnétisme : *Le Pays,* 21, 27, 30 mars 1867.

58. **M. Linger** 3/10/67
Pièce de poésie française.

59. **M. Linger** 10/10/67
La chimie.

60. **Joseph Doutre**
26/12/67
Les chartes du Canada avant la cession : *Le Pays,* 28, 31 décembre 1867 ; 4, 11, 14, 16 janvier 1868 ; *Annuaire de l'Institut canadien pour 1867.* Montréal, Le Pays, 1868, p. 14-24.

61. **Louis-H. Fréchette**
26/3/68
Voix d'un exilé (poème).

62. **Louis-H. Fréchette**
23/4/68
Vers sur l'assassinat de D'Arcy McGee.

63. **H. Préfontaine**
1/12/70
Civilisation asiatique.

64. **Gonzalve Doutre**
    2/1/71
    Une excursion aux environs de Naples.

65. **H. Préfontaine**
    2/2/71
    La théorie de l'apparition des espèces vivantes et de leur développement par Darwin.

66. **Gonzalve Doutre**
    23/2/71
    Recherches dans les anciennes archives françaises appartenant à l'État.

67. **Gonzalve Doutre**
    23/3/71
    Les Saxons et les premiers temps de l'Histoire anglaise.

68. **A. Forget** 9/3/71
    La coquetterie.

INDEX

Table des matières

Infographie : Édition•Typographie•Conseils (ETC)
Montréal, Québec

.

Achevé d'imprimer
en novembre 1990 sur les presses
des Ateliers Graphiques Marc Veilleux Inc.
Cap-Saint-Ignace, Qué.